서울생활

서울
생활

바람결에 스친 우리의 날들

손창우 지음

좋은땅

목차

1. 프롤로그 - 내가 머문 주소들   6

2. 1977, 부산 서구 동대신동   11
3. 1994, 우리들의 성장 느와르   55
4. 1995 봄, 서울시 서대문구 신촌동   63
5. 1995 가을, 서울시 서대문구 창천동   72
6. 1995 겨울, Berkeley University   77
7. 1996, 서울시 마포구 신수동   80
8. 2000, 서울시 성북구 장위동   91
9. 2001, San Diego   102
10. 2002, Yonsei Boxer   109
11. 2003, 서울시 중구 약수동   113
12. 2004, 서울시 마포구 공덕동   150
13. 2005, 서울시 마포구 도화동   157

14. 에필로그   177

프롤로그 - 내가 머문 주소들

2025년. 마흔여덟.
그날은 4월의 어느 평범한 날이었다.

도대체 이 좁은 공간에 어떻게 이렇게 많은 사람들이 오갈 수 있을까 싶을 만큼 인파가 몰려드는 삼성역 지하 통로. 출퇴근길이면 그 무리는 반쯤 감긴 눈으로 좀비 영화의 엑스트라들처럼 영혼 없이 비틀거리며 이어졌다. 늘 눈감고도 지나치던 익숙한 길이었지만, 그날은 이상하게 낯설었다. 그래서 나도 모르게 주위를 더 유심히 바라보았다. 오가는 발걸음 사이로 술 마신 이의 피를 빨았는지 비틀거리는 모기를 보았고, 화장실 앞에서 얼굴을 일그러뜨린 채 혁대를 풀고 지퍼를 반쯤 내린 채, 휴지 자판기 앞에서 몸부림치는 직장인도 스쳐 지나갔다.
그리고 그 시선 끝에, 문제의 주민등록등본 무인 발급기가 꽂혔다.

어라, 저 무인발급기가 언제부터 저기에 있었지?

눈가리개를 한 경주마들이 전력 질주로 달리면서도 발견할 수 있을 것 같은, 탁 트인 지하통로 한복판에서 압도적인 존재감을 내뿜는 기계였다. 그런데 내 눈엔 왜 처음 들어왔을까. 산타가 쿠팡 새벽배송 알바를 뛰다 던져 놓고 간 걸까. 뒤도 돌아보지 않고 바쁜 걸음으로 사라지는 직장인들 사이에서, 나 홀로 기계 앞에 멈춰 서 한참을 응시했다.

그때였다. 무인발급기 녀석이 느닷없이 말을 걸었다. 낮고 단호한 음성으로.

"야, 200원 있냐?"

아이들 동화책 속에서나 볼 법한 장면이었다. 21세기 현실 세계에서 기계가 인간에게 말을 건다니. 나만 들은 건가? 사람들은 여전히 무표정하게 나를 스쳐 지나갔다.

"200원 있냐고."

이번엔 더 큰 목소리로 재차 물었다. 혹시 환각 모기에게 물린 것일까. 그 순간, 데자뷔처럼 뇌리를 스치는 장면이 있었다. 올림픽이 열렸던 1988년에 개봉해서, 비디오 가게에서 셀 수 없이 빌려 봤던 영화, 'BIG'. 그 영화 속 톰 행크스가 놀이동산 구석진 곳에서 소원을 들어주는 기계와 마주쳤던, 바로 그 장면. 지금 삼성역 연결통로에서 무인발급기와 마주하고 있는 나는, 'BIG' 속 톰 행크스처럼 말을 거는 기계 앞에 기묘하게 서 있었다.

평소 지갑에 동전을 잘 가지고 다니지 않는데, 마침 주머니 속엔 조금 전 편의점에서 1,600원짜리 감동란을 사고 남은 400원이 짤랑거리고 있었다.

"200원만 넣어 봐."

그 순간 나는 운명 같은 끌림에 '손 행크스'가 되어 기계 앞에 섰다. 심호흡을 한번 하고 동전을 넣고, 등본과 초본을 한 통씩 뽑았다. 세상에, 아무 목적 없이 이걸 뽑는 사람도 있나? 여하튼 나는 초자연적인 힘에 이끌려 반말하는 무인기계에 동전을 투입했다. 초본에는 출력 세부내역들이 기본값으로 체크되어 있었는데, 그중 하나를 바꿨다. 주소 변동 사항 포함으로.

찌지직 찌지직 찌지직!

종이들이 무심하게 배출구로 툭툭 떨어졌다. 너무도 익숙한 등본은 뒤로하고, 오랜만에 마주한 초본에 내 눈이 꽂혔다. 내가 거쳐 왔던 주소들이 삐뚤빼뚤한 활자 속에서 마치 살아 있는 듯 쭉 나열되어 있었다. 기억 속에서 아스라이 잊고 있던 옛 주소들은, 가끔 페이스북이 '알 수도 있는 사람'으로 오래전 친구를 찾아 줄 때만큼이나 반가웠다. 아, 그래. 이걸 보여 주려고 나에게 말을 걸었구나. 그것도 반말로.

초본이 보여 주는 주소들 중간중간에, 매직아이처럼 텍스트들이 살아 움직이더니, 공식적으로 이름을 올리고 살진 않았지만, 내가 거쳐 갔던 공간들의 주소도 하나둘 자리를 틀었다.

1. 부산시 서구 동대신동 문화아파트
2. 서울시 서대문구 신촌동 무악학사 기숙사
3. 서울시 광진구 구의동 석원이네
4. 서울시 서대문구 창천동 하숙집
5. 서울시 마포구 신수동 자취집
6. 서울시 성북구 장위동 이모집
7. 서울시 중구 신당동 자취집
8. 서울시 마포구 공덕동 오피스텔
9. 서울시 마포구 도화동 오벨리스크
10. 서울시 마포구 서교동 투룸
11. 서울시 중랑구 묵동 신내아파트
12. 경기도 남양주시 가운동 3단지
13. 경기도 남양주시 가운동 7단지
14. 경기도 구리시 토평동
15. 경기도 구리시 교문동

눈을 지긋이 감았다. 어느새 나는 구름빵 아빠처럼, 지난 주소를 하나하나를 타고 천천히 하늘로 떠올랐다. 내 삶의 궤적이 주소란 이름표를 달고, 한 줄씩, 한 칸씩, 오래된 필름처럼 조용히 펼쳐졌다.

  그곳엔 오래전 부산의 문화아파트 복도에서 뛰놀던 어린 내가 있었고, 신촌의 낡은 기숙사 방 창문 너머로 서울의 첫 봄을 맞던 풋풋한 청년도 있었다. 구의동 석원이네 별채, 창천동 하숙집, 마포 반지하와 장위동 이모집, 공덕 오피스텔, 그리고 신당동, 서교동, 그리고 지영이와 결혼 이후 지우, 지아와 함께 거쳐 간 묵동, 남양주, 구리까지 - 주소마다 그 시절의 공기, 냄새, 소리, 그리고 함께했던 사람들이 겹겹이 쌓여 나타났다. 반려견 푸른이까지.

  초본에 이름을 올리지 못한 채 잠시 스쳐 간 방들마저, 잊히길 거부하듯 불쑥 나타나, 초본 위에 조용히 자리를 잡고 있었다.

  한때는 세상을 뒤집을 듯 뜨겁게 달렸고, 때로는 지치고 흔들리며 멈춰 섰지만, 결국 나는 그 모든 주소들을 지나 지금 여기, 평범하지만 소중한 오늘에 닿고 있었던 것이다.

  주소 한 줄마다, 그곳에서 웃고 울던 내 모습이 투명하게 떠올랐다. 평범해져 버린 40대를 거쳐, 50대를 앞둔 지금, '시니어'라는 낯선 이름표가 다가오고 있지만, 내가 지나온 주소들, 그 평범한 하루하루가 모여 지금의 나를 만들었음을, 그리고 그 평범함 속에서도 수많은 이야기가 숨 쉬고 있음을, 그 기계는 내게 알려 주고 싶었던 것이리라.

  나는 구름 위를 걷듯, 지난 세월의 흔적 위로 조용히 떠올랐다. 두둥실.

1977, 부산 서구 동대신동

나는 부산 사나이다. 1977년 2월, 연산동 어딘가에서 태어나, 기억이 움트던 유년기부터 고등학교 2학년 때까지 대신동에서 자랐다. 구덕 터널 하나 넘어 괴정으로 이사하기 전까지, 내 부산 생활의 모든 페이지는 대신동의 햇살 아래 새겨졌다.

대신동은 서울로 치면 이촌동과 흡사했다. 물론 동부이촌동과 서부이촌동처럼, 동대신동과 서대신동이 길 하나를 두고도 동네 분위기가 사뭇 달랐다는 점을 제외하면 딱히 닮은 점은 없었지만, 지방 출신들의 끈질긴 '우리 동네가 더 좋다'는 자부심으로 이촌동이라 우겨 본다.

어르신들은 대신동 하면 1950~60년대 부산을 가로지르던 전차의 종점을 먼저 떠올렸지만, 내게 대신동은 구덕산의 푸른 기상과 아버지가 평생을 몸 바친 동아대학교, 그리고 스포츠의 메카 구덕체육관이 있는 고장이라, 살짝 오바하면, 취리히나 코펜하겐 사이 어딘가쯤 되는 도시였다.

산복도로 위로는 마치 스머프 마을을 옮겨 놓은 듯, 파란 지붕과 하얀

벽의 작은 집들이 오밀조밀하게 붙어 있었다. 아침이면 굴뚝에서 연기가 피어올라 공기마저 따뜻했고, 골목마다 아이들 웃음소리가 퍼졌다. 멀리서 보면, 산토리니의 화려함을 흑백 TV에 투영한 뒤, 부산만의 고유한 빛깔로 번역해 낸 한 편의 필름 같았다.

산을 타고 아래로 내려오면, 풍경의 결이 달라진다. 한때 부산 최고 부촌이었다는 위엄을 자랑하는 저택들이, 세상과 담을 쌓은 채 우람하게 서 있다. 높다란 담장 앞에는 잘 다려진 양복을 입은 기사 아저씨들이 현대 그라나다, 대우 로얄살롱 같은 80년대 고급 세단을 반짝이며 닦고 있었다. 출격을 기다리는 자동차들은 그 시절 부의 상징이자 동네 아이들에게는 선망의 대상이었다.

우리 집은 그런 대신동의 심장부에 위치한, 당시로선 파격적인 10층짜리 초고층으로 지어졌던 '문화아파트'였다. 헬리혜성이 다이렉트로 충돌해도 멀쩡하게 버틸 것 같은 튼튼한 외관의 아파트였다. 1층에 '문화반점'이라는 중국집, 남말자 피아노학원, 성은사진관, 슈퍼마켓, 스포츠 용품점들이 들어섰고, 지하엔 키즈카페의 초기 날나리 버전이었던 롤러스케이트장이 있었으니, 당시엔 몰랐지만 지금 보면 주상복합의 원형 같았다.

학군 역시 명문이었다. 경남고, 동아고, 혜광고, 대동고 등 매년 수십 명의 인재들을 서울로 유학 보내던 명문고등학교들이 포진했으니, 오션뷰가 아니라는 점만 빼면 80~90년대 부산 최고의 동네였다.

우리 집은 문화아파트 211호였다. 복도 건너 208호엔 내 또래, 류지훈이 살았다. 지훈이와 나는 2층 복도에서 마치 줄 위를 걷는 곡예사들처럼, 매일 아슬아슬한 장난을 쳤다. 그럴 때면 세 살 위 류정훈 형이 나타나, 철딱서니 없는 동생들에게 숫자와 가나다를 가르쳐 줬다. 덕분에 우리는 여섯 살에 한글을 떼고, '선행학습자'란 타이틀을 달고 명문(?) 마리아 유치원에 입학했다. 나는 개나리반, 지훈이는 장미반이었다.

우리는 아침마다 해처럼 노란 원복과 모자를 쓰고, 제법 먼 거리임에도 어른 손 하나 빌리지 않고 꼬마 손가락끼리 꽉 맞잡고 유치원까지 씩씩하게 걸어갔다. 건널목에 다다르면, FM 교본에 충실하게 한 손을 번쩍 들어 올리고, 좌우를 살피고, 무단횡단이라도 하면 바로 경찰에 끌려갈 줄 알던 착한 아이들이었다.

이 때 지훈이가 장미반 친구 하나를 데려왔으니, 그게 정현철이었다. 마리아 유치원 놀이터에서 요쿠르트 한 통씩 '원샷' 하며 뭉친 이 세 꼬마의 동맹은 40년이 넘는 세월 동안 이어져 지금의 나를 만든 지분 10% 정도는 분명 이 녀석들의 몫이다. 내가 더 대성하지 못한 지분의 90%와 함께.

우린 어울려 다니며 세상 살아가는 데 필요한 지식들을 함께 알아갔다. '키 크려면 우유를 마셔야 한다', '음식은 꼭꼭 씹어 먹어야 한다', '치카치카는 하루 세 번 3분 동안 구석구석', '껌 삼키면 위 속에 7년 박힌다', '밤에 휘파람 불면 뱀 나온다', '수박 먹고 씨 삼키면 배에서 수박 나무 자란다', '밤에 손톱 깎으면 부모님 죽는다' 등. 류지훈은 유독 변기 위에 앉아서 볼일을 보는 것을 무서워해서, 그때 내가 용감하게 시범을 보였다. 좌변기에 앉아서 뿌지직! 그 순간 지훈이 어머니께 "봐라, 청우는 혼자도 잘하잖아"라며 칭찬을 해 주셨다. 똥 싼 현장에서 즉결 칭찬을 받는 건, 3세 이후의 인간이라면 누구도 경험하기 힘든 일인데, 그걸 해 낸 것이다.

우린 세 집을 돌아다니며 레고와 코코 블록으로 도시를 짓고, 짬뽕공으로 야구를 하고, 바둑판으로 알까기를 하고, 롤러스케이트와 자전거를 함께 배웠다.

유치원 졸업 후, 난 동신 국민학교, 지훈이는 구덕 국민학교, 현철이는 남성 국민학교로 뿔뿔이 흩어졌지만, 방과 후엔 여전히 시소, 미끄럼틀, 정글짐이 우리의 비밀기지였다. 마당 있는 2층집에 살던 현철이네는 말 그대로 놀이터 본사였다. 흙만 보면 손은 자동으로 굴삭기로 변신했고, 여왕개미가 튀어나올 때까지 개미집을 파헤쳐 생태계를 유린했다. 모래로 방파제를 쌓아 물길을 바꿔 개미들에게 대홍수를 선사하기도 했다. 그 동네 곤충들 사이에선 우리 셋이 등장하면, '저 새끼들 또 왔다'며 치를 떨었을 것이다. 미안하다. 남은 세월, 곤충 위생의 향상과 동물 복지 증진에 헌신하며 속죄하리라.

밖에서 놀다 지치면, 집 안으로 기어 들어가, "냉장고 문 좀 닫아라"는 어른들 잔소리를 흘려듣고는, 야쿠르트와 초코우유, 쭈쭈바 등을 전멸시켰고, 소파와 피아노를 이어 붙여 요새를 짓고, 빗자루와 피리를 총 삼아 지구를 침공하는 악당과 한바탕 전쟁을 치렀다. 그리고 우리의 공공의 적 '공문 수학' 선생님이 급습하면, 무시무시한 사칙연산 폭격으로부터 서로를 숨겨주며 전우애를 발휘하곤 했다. 그렇게 우리는 세상에서 제일 무서운 건 곤충도, 외계인도 아닌 '공문 수학 숙제'라는 걸 뼛속까지 배웠지만, 정작 삶이라는 긴 수업 속에는 더 많은 '공문 수학 선생님'들이 숨어 있다는 건 그때는 몰랐다.

구덕야구장

문화아파트 바로 앞에는 동북아의 콜로세움이자, 부산의 오페라하우스라 불리던 구덕운동장이 있었다. 1986년 사직구장으로 홈을 옮기기 전까지 롯데 자이언츠와 '아시아의 삼손' 김주성이 이끌던 대우 로얄즈 축구단의 심장이 뛰던 곳. 야구와 축구가 있는 날이면, 밤늦도록 라스베이거스를 연상케 하는 불빛과 함성이 가득했다.

문화아파트에서 축구장은 각도상 보이지 않았지만, 야구장은 노안에 백내장이 있더라도 즐기기 전혀 문제없을 정도의 명당 뷰였다.

야구장 입구엔 궁서체인지 붓글씨인지 모를 글씨체로 이번 달 롯데의 대진표가 걸려 있었고, 해태와의 라이벌전이나 최동원 선발 경기가 있는 날이면, 피아니스트 조성진의 손가락 무브먼트는 안 보이지만 선율이라도 들으려고 예술의전당 4층까지 올라가는 사람들처럼, 동네 사람들이 공짜 야구를 즐기기 위해 하나 둘 아파트 복도로 모여들었다.

1984년. 롯데 자이언츠가 첫 우승을 차지하던 해. 부산의 야구 열기는 훗날 2002년 월드컵 못지않았다. 홈경기가 있는 날이면, 물살을 거슬러 상류로 오르는 연어떼처럼 나는 매번 아버지 손을 붙잡고 위층으로 올라갔다. 3층에 살던 우리는 계단으로 올라 8층쯤에 사리를 잡았다. 왜 엘리베이터를 타지 않았을까? 당시 롯데 감독이었던 강병철 아저씨는 아버지의 절친이었고, 아들 나이도 비슷해 가족끼리 자주 어울렸다. 그러니 롯데에 대한 감정 몰입도는 거의 종교 수준이었다.

시즌 막판, 가장 중요한 일전이 있는 날. 저녁을 일찍 해치우고, 적당한 방귀와 트림으로 소화 완료 신호를 보내며 8층에 도착하면 이미 아파트 열혈 팬들은 전원 집결해 있었다. 몇몇 아저씨들이 가져온 최신식 라디오에서는 중계 소리가 터져 나왔고, 그 소리를 뚫고 더 큰 목청으로 입중계를 해 대는 아저씨들이 있었다. 욕설은 MSG처럼 팍팍 뿌려진 추임새로 날아다녔고, 그 비수가 저 멀리 구덕구장 선수들 귀에까지 꽂혔을지도 모른다.

아저씨들은 8층 투다리, 9층 역전할머니맥주, 10층 봉구비어 분위기로 복도에서 술잔을 돌렸고, 점수 상황에 따라 잔을 비우는 속도가 달라졌다. 아주머니들은 "아따, 그만 마시소!" 하면서도 집마다 안주를 한 접시씩 내어놓으며, 즉석 서빙 배틀이 벌어졌다. 그때 아버지가 한 젓가락 집어 준 닭똥집의 쫄깃함과 고소함은 지금도 잊을 수가 없다. 초등학생이지만 순간 소주가 간절해질 정도였으니.

가장 강렬한 기억은 역시 불세출의 에이스, 최동원이다. 특히 84년 그해는 '아무에게나 에이스 타이틀 붙이지 마라'는 말을 몸소 증명하듯, 그는 리그를 씹어 먹었다. 선동열과의 맞대결은 파퀴아오 vs 메이웨더보다 더 화제였고, 그중에서도 지금까지 잊히지 않는 장면이 있다.

그날 경기는 후기리그 우승을 위해 절대 져서는 안 되는 한 판이었다. 상대는 MBC 청룡, 상대 투수는 유종겸. 박빙으로 가던 경기 후반, 롯데가 1점 뒤지고 있을 때 마지막 기회가 찾아왔다. 투 아웃에 주자 두 명이 누상에 출루했다. 절체절명의 상황에서 대타가 들어섰다. 복도의 아저씨들이 라디오 소리에 귀를 쫑긋 세우고 대타가 누군지 기다리던 그 순간, 야구장이 웅성거리더니 한순간에 폭발했다.

"와? 누고? 누가 대타로 나왔는데?"

실눈을 뜬다고 보이는 것도 아닌데, 다들 그렇게 경기를 뚫어져라 쳐다봤다. 나는 목에 걸었던 망원경을 꺼내 들고, 타석을 확인했다. 몸을 풀고 있어서 등번호와 이름은 안보였는데, 내 초점에 잡힌 것은 안경. 그래서 다시 초점을 맞춰 얼굴을 살폈는데, 그 순간, 라디오에서 해설자가 외쳤다.

"대타 최동원! 백넘버 11번, 최동원 선수! 대타로 최동원이 나옵니다!"
뿔테 안경의 전설이, 방망이를 돌리며 걸어 들어오고 있었다.
그때 복도 저쪽에서 술에 취한 아저씨 한 명이 외쳤다.
"최동워이네. 최동워이. 다들 잘 모르나 본데, 최동원이 경남고등학교에서 4번 쳤다 아이가. 빠따 좋았다. 경남고 4번 타자 최동워이! 캬, 뭐 하노. 술잔 빘쟈나. 한 잔 따라 봐라."
판타지 스타 최동원이 타석에 등장한 것만으로도 경기장의 열기는 최고조에 달했다. 그리고 역시 스타는 스타였다. 최동원은 그 중요한 경기, 한 시즌의 운명을 결정지을 순간에 오른쪽 타석에 들어서서 공을 몇 개 본 후, '왼손은 거들 뿐'의 모범답안 같은 부드러운 스윙으로 깨끗하게 밀어 쳤다. 타구는 빨랫줄처럼 뻗어 펜스까지 굴러갔다.

역전 2타점 2루타!

구덕야구장과 문화아파트 8층, 9층, 10층이 동시에 폭발했다. 그 발구름 소리를 들으니, 아파트가 내진 설계되었다는 걸 그때 처음 믿게 됐다.

"내 말 맞재! 최동원이 빠따 좋다 안 했나! 경남고 4번 타자다! 뭐하노, 술잔 또 빘쟈나. 따라 봐라."

팬들도 울고, 계단 난간도 울고, 망원경 렌즈도 울었다. 2002 월드컵 8강전 승부차기 그 전율을, 나는 이미 1984년 부산 대신동에서 미리 맛봤다.

그해, 최동원은 한국시리즈에서 홀로 4승을 거두며 우승을 완성했다. 그때는 매년 우승할 줄 알았다. 하지만 롯데는 92년에 박동희, 염종석, 김민호, 박정태 등 멤버로 한 번 더 우승하더니, 30년 넘게 우승을 하지 못했다. 우승은 고사하고 8888577 암흑기 순위 기간에도 골수 팬들은 버텼지만, 그 사이 사직구장으로 홈경기장을 옮겼고, 난 홀연히 나타난 슈퍼스타 박찬호 덕분에 바다 건너 LA다저스의 팬으로 갈아탔다.

홍익 독서실

1989년, 부산 대동중학교 1학년. 난 키가 149에서 160으로 쑥 자랐다. 덕분에 1~2줄에 앉던 작은 아이에서 3~4째줄에 앉는 '미디엄 웰던' 청소년으로 업그레이드됐다.

그 사이 지훈이네는 사하구로 이사했고, 난 현철이와 운명처럼 같은 반, 1학년 4반에서 뭉쳤다. 나는 여전히 문화아파트에 살고 있었는데, 어머니가 알뜰살뜰 아끼셨는지, 211호에서 301호로 한 계단 올라섰다.

평화롭던 문화아파트에도 한바탕 소동이 일어났다. 아파트 바로 뒤에 건물이 들어선다는 소식이었다. 아파트와 너무 붙어 있어서 주민들이 긴급 반상회를 열고 결사반대를 외쳤다. 특히 1~5호 라인을 정면으로 가로막는 위치라, 301호인 우리 집도 직격탄이었다. 공격력 최상급 생명체인 아버지가 머리에 띠 두르면, 안토니 가우디가 와서 성당을 짓겠다고 해도 공사 못 한다.

아버지가 반대 시위에 참전하려 몸을 푸는 동안, 새로 지어지는 건물이 독서실이란 것이 알려졌다. 처음부터 독서실을 지으려 했던 것인지, 아니면 주민들과 협상 과정에서 용도가 독서실로 변경되었는지는 잘 모르겠지만, 새 건물이 '독서실'이라는 사실이 알려지자, 반대 여론은 마시멜로처럼 사르르 녹았다. 대부분 학생을 둔 집이었으니, "조망권? 우리가 무슨 식물도 아니고 햇빛 없다고 못 살겠나!", "빨래 좀 덜 마르면 꿉꿉하게 다니면 되지 뭐", "그냥 건물 블라인드 친다고 생각하면 되지!" 이런 분위기였다.

결국 협상 끝에, 우리 집 뒤창 바로 앞에 독서실이 들어섰다. 이름도 학생들을 널리 이롭게 한다는 홍익 독서실.

비록 한낮의 햇빛과 비타민D를 빼앗겼지만, 최신식 시설을 보는 순간 중1의 가지 본능이 번쩍 켜졌다. 개업과 동시에 등록했고, 문화아파트 주민 할인까지 받아 어머니 설득은 일사천리였다.

그리고 예정된 수순대로 친구들을 하나씩 끌어들였다. 그렇게 대동중 4인방, 나와 정현철, 변성준, 조현호가 홍익 독서실 1기 멤버로 입성했다. 사춘기들이 드디어 합법적으로 집 밖에 눌러앉을 수 있는 시대의 개막이었다. 두둥.

홍익 독서실에는 전설의 관리인 두 분이 있었다. '나홀로 집에'의 해리와 마브처럼, 우리는 이들에게 '추씨'와 '다마내기'라는 별명을 붙였다. 추씨는 성이 추였고, 다마내기는 작고 땅땅해서 붙은 이름이었다. 본인이 소싯적 뒷골목에서 '다마내기'로 이름을 날렸다는 본인발 소문도 있었다. 두 사람의 본명은 아무도 몰랐지만, "울던 아기도 울음을 그친다"는 전설이 돌 만큼, 중학생들에게는 공포의 존재였다. 소문에 따르면 둘 다 전과자에, 문신은 지우개로 다 지웠다느니, 교도소 출소 후 새 삶을 살기 위해 독서실 버스를 몰고 있다느니, 교도소에서 당한 설움을 되갚듯 학생들을 죄인삼아 괴롭힌다더니, 딱 중학생들이 침 튀기며 떠들 만한 흉흉한 소문들이 순식간에 동네를 휩쓸었다.

하지만 흙 퍼먹고 자란 아이들은 중학생쯤 되면 기죽지 않는다. 오히려 부산 남자 특유의 뼈대 본능으로 강자와의 신경전을 즐겼다. 그 선봉에 선 사람이 정현철이었다. 폭풍 성장한 현철이는 이미 다마내기는 물론 추씨까지 위협할 키였고, 특유의 건들거림으로 사사건건 심기를 긁었다.

그러다 사건이 터졌다.

어느 날, 현철이는 독서실에서 급하게 화장실로 내달렸다. 포장마차에서 뭔가를 잔뜩 쓸어 넣고 온 직후였으니, 대장이 폭주하는 건 당연했다. 1사로 문을 열었는데 휴지가 없었다. 2사로도 마찬가지였다. 벽에는 '용변 후 휴지는 3칸만!'이라는 추씨의 경고문이 떡하니 붙어 있었다. 여분의 휴지는 절대 비치 안 해 놓았다. 휴지가 떨어지면, 1층 카운터에서 추씨의 싸늘한 시선을 감당하고 나서야 3칸을 배급받을 수 있었다.

하지만 그날 현철이는 급했고, 겁도 없었다. 주변을 스캔하다 뭔가를 발견하고는 회심의 미소를 지었다. 그리고 그걸 손에 쥔 채 화장실로 재돌입했다.

그때, 마침 계단을 올라오던 추씨는 본능적으로 이상한 기운을 감지했다. 닌자 같은 무음 발걸음으로 화장실에 잠입, 주변을 샅샅이 살폈다. 자신이 세팅해 놓은 화장실 구석구석을 살펴보는데 뭔가 하나 비어 있었다. 뭐가 달라졌지? 뭔가 좋지 않은 기운이 맴돌았다. 1사로 안 푸더덕 푸더덕 소리마저 더러웠다. 추씨는 매의 눈으로, 뭐가 하나 달라졌는지 숨은그림찾기를 하듯 살피고 또 살폈다.

볼일을 끝낸 현철이. 기분 좋게 문을 열고 나오는데, 문 앞에 추씨가 어두운 얼굴로 서 있었다. 헉! 현철이도 얼어붙었다.

"저… 그… 그게요… 그게 아니고요…" 말문이 막힌 채 머뭇거리다가 도망치듯 뛰쳐나갔다. 추씨는 현철이가 막 나온 1사로 화장실 안을 쳐다봤다. 그리고 경악했다.

그곳 휴지통엔 본인이 세면대 옆에 걸어 놓고 매일 정성스레 빨아서 사용하던 '홍익 독서실 축 개업' 수건이 처참히 버려져 있다. 그리고 설마, 설마, 아닐 거야, 하면서 수건을 살포시 집어 들었더니, 본인의 얼굴과 다름없는 그 분홍색 애착 수건으로, 눈엣가시 같던 지 너석이… 똥을 닦았던 것이었다.

그날, 독서실 복도엔 늑대가 울부짖는 소리가 메아리쳤다. 그리고 그날 정현철은 '추씨 모독죄'로 독서실 역사상 최초로 잘렸다. 뒤끝 있는 추씨는 카운터에 현상 수배범 포스터처럼 '입실 불가 명단'을 붙였고, 제일 위에 큼지막하게 '대동중 정현철'이 적혀 있었다.

시간이 1년 반이 흘러 현철이는 몰라보게 더 성장했다. 빡빡머리에 뚱뚱했던 중학교 1학년 장난꾸러기가 상고머리 호리호리한 장신의 중학교 3학년 학생으로 변신했고, 추씨와 다마내기의 기억력은 놀랍도록 나빴다.

현철이는 퇴실 조치 이후 다른 독서실도 많이 다녔지만, 친했던 우리가 다 함께 다니며 무리 생활을 하고 있던 홍익 독서실만큼 재미를 느끼지 못했다. 그래서 1년 반 만에 홍익 독서실에 재도전을 하기로 했다. 여전히 입실 불가 명단이 붙어 있는 것을 확인하고, 이름을 바꿔 '서지성'으로 등록했다. 지가 연예인이야? 아니, 연예인도 예명 안 쓰던 시절에, 중학생이 예명을 쓰다니. 카운터에서 추씨가 5초간 그 얼굴을 뚫어져라 바라보는 동안, 본 시리즈 속 제임스 본이 위조 여권으로 국경을 넘는 장면 같은 긴장이 흘렀다. 결국 추씨는 장부에 '서지성'을 쓰고 열쇠를 내밀었다. 됐다!

현철이는 1년 반 만에 전신 성형급 폭풍성장으로 과거를 감춘 채, 금의환향했고, 우리는 새우탕 컵라면에 콜라 한 캔씩 터뜨리며 환영식을 열었다.

그 후 '서지성'의 어이없고 웃기고 때론 퇴폐적인 사건들이 이어졌고, 그 옆엔 항상 류지훈, 손창우, 변성준, 조현호 등이 낄낄대고 바람을 잡고 있었지만, 다 쓰면 이 책은 청소년 금서로 지정될 테니 패스. 그래도 오해하지 말길. 놀 땐 신나게 놀았지만, 공부도 놓치지 않아, 모두 성적은 마치 우량주 차트처럼 꾸준히 우상향했다.

그렇게 우리의 중등 시절이 흐르고, 나와 현철이는 고등학교도 함께 대동고로 진학했다. 난 공부에 더욱 매진하기 시작했고, 현철이는 골프계로 뛰어들었다. 고등학생 골프 꿈나무 소리를 들으며 무럭무럭 성장하고 있었고, 내 구박 덕에 공부도 놓지 않았지만, 학교에선 계속해서 담임 선생님의 주요 관리 대상이었다. 친구들의 중심에서 여전히 크고 작은 사고를 많이 쳤고, 그럴 때마다 현철이 어머니는 학교에 크림빵 50개씩 사 와서 돌리셨다.

그러던 어느 날, 발랄하게 하교하는 정현철의 뒷모습에 담임 선생님의 싸늘한 촉이 발동하여, 현철이가 다니는 독서실에 몰래 전화를 했다.

"거기 홍익 독서실이죠? 혹시 대동고 정현철이 오늘 독서실 왔습니까?"
수염 희끗한, 조금은 온화해진 추씨가 명단을 뒤적이며 대답했다.
"정현철이라는 학생은 우리 독서실에 안 다닙니다."
"아니, 그럴 리가요. 현철이가 고등학교 내내 거기 다닌다고 들었는데요?"
"정현철이란 이름의 대동고 학생은 이 독서실에 다닌 적이 없습니다."
현철이 담임 선생님은 부르르 떨리는 손으로 전화기를 놓으셨다. 요노무쉐이, 딱 걸렸다. 다음날 담임 선생님은 현철이를 교단 앞으로 불러냈다.

"정현철, 앞으로 나와. 여기 엎드려 뻗쳐"

1977, 부산 서구 동대신동

"예?"

"엎드려 뻗쳐! 이 자식아!"

퍽퍽! 퍽퍽! 현철이는 이유도 모른 채 얻어맞았다. 그러다 본인도 살아야겠다는 생각을 했는지, 다소 공격적으로 반응했다. 부산 말로 하면 '삐대하게' 대들었다.

"근데 왜 때리시는 건데예?"

"이 쉑히, 선생님한테 말버릇 보소. 이 쉑히 그 동안 독서실 다닌다고 뻥치고 그 돈 받아서 어디 놀러 다녔어?"

"아, 놔. 뭐라 합니까. 저 독서실 다니는데요!"

"이 쉑히 봐라, 계속 거짓말하네. 어느 독서실?"

"홍익 독서실요"

"하~"

선생님은 시계를 벗어 교탁위에 올리고 어깨를 터셨다.

"이거 사람 안되겠네. 다시 엎드리 뻗쳐! 이 쉑히가 아직 정신 못 차리고 계속 거짓말하네. 인마, 선생님이 어제 다 확인해 봤어. 독서실 전화해서 다 확인했어. 요쉑히, 어디 계속 거짓말이야! 대동고 정현철, 다닌 적도 없다더라, 이 새꺄"

현철이는 멍한 얼굴로 한참 생각하다가, 불현듯 외쳤다.

"저 진짜 다니는데요. 아… 잠깐…아, 알겠다. 선생님, 오해십니다, 선생님. 저 '서지성'이란 이름으로 다닙니다."

담임 선생님 잠깐 생각에 잠기셨다. 서지성? 서지… 뭐라고? 10초쯤 생각에 잠기셨던 선생님은 더욱 강한 파워로 매질을 하셨다.

"인마 이거 완전 미친놈 아이가. 니가 연예인이야? 뭔 가명질이야, 이 미친놈아."

퍽! 퍽! 퍽!

그날 현철이는 북어포 두드리듯 맞았고, 중1 수건 사건 때부터의 스토리를 모두 아는 우린 "서지성! 서지성!"을 외치며 혹기사로 도와주고 싶었지만, 담임 선생님의 꼭지 돈 모습에 움찔하여, 그냥 고개를 파묻고 키득대기만 했다.

그리고 그다음 날, 현철이 어머니는 또 크림빵과 우유를 돌리셨다.

학원 라이프

다시 동신국민학교로 돌아가보자. 난 초등학교 입학과 동시에 피아노 학원으로 첫발을 내디뎠다. 당시 우리 동네 초등생이 다닐 만한 학원은 태권도, 주산, 웅변, 피아노, 미술, 합기도 정도였고, 고학년이 되자 공문수학, 컴퓨터, 수영 수업 등이 선택지에 추가됐다. 1980년대 후반에도 교육 열기는 뜨거웠고, 중학 예비반 학원가에도 그 열풍이 몰아쳤다.

내 첫 시작은 미술이었다. 1982년 유치원 입학 전, '창조 미술학원'이라는 이름을 단 어린이집을 다녔는데, 노란 병아리 모자를 쓰고 외할아버지 손을 잡고 가던 기억이 지금도 어렴풋이 남아 있다. 당시 내가 울면 어머니가 입술을 삐죽거리며 우는 내 흉내를 내시면서, 우는 날 귀엽냐고 안아 주신 기억도 나고. 그래, 우는 아기는 웃는 아기만큼 귀엽긴 하지.

초등학교 입학 후 여기저기 학원을 다녔다. 아버지께선 혹시라도 내가 탁월한 운동 DNA를 가진 우리 집안의 피를 물려 받았을까 봐 운동학원은 허락하지 않으셨다. 그래서 나는 첫 번째 학원 커리어는 피아노가 선택되었다. 특별한 이유는 없었다. 우리 집 바로 아래에 피아노 학원이 있었기 때문이다. 8살 아이 혼자 다니기 딱 좋은 동선이었다. 만약 그 자리에 주산학원이 있었다면, 지금쯤 나는 NASA에서 로그함수로 행성 궤도를 계산하는 수학자가 되었을지도.

3학년까지는 피아노만 다니다가, 4학년부터 멀티 학원 생활을 했는데, 두 번째 선택은 지금은 자취를 감춘 웅변학원이었다. 당시 웅변학원은 6월 반공 웅변대회 시즌이면 인기가 폭발했고, 학교마다 전국 대회에 내보낼 대표선수를 선발하기 위해 예선전들을 벌였으니, 그 시절 웅변학원들은 문전성시를 이뤘고, 아이들의 괴성들이 온 동네에 메아리쳤다.

당시 난 학교에서 발표를 정말 안 하는 학생이었다. 한 번 안 하기 시작하니 발표하기 위해 손을 드는 것조차 너무 어색하고 부끄러웠다. 특별히 과묵하거나 수줍음이 많은 아이도 아니었는데, 수업시간 발표는 하지 않았다.

그러다 기억에 남는 발표가 한 번 있었다. 명절엔 이것저것 음식을 많이 먹는다는 이야기를 하던 중, 선생님이 "싫어하는 음식 있는 사람?" 하고 물으셨다. 여기저기서 "저요! 저요!" 하며 손이 올라갔고, 나도 주저하다가 손을 살짝 들어 올렸다. 사실 든 것도 안 든 것도 아닌, 애매한 높이였다.

그렇게라도 손을 든 이유는 따로 있었다.

그 전날, 어머니가 학부모 면담을 다녀오시더니, "선생님이 창우 칭찬 많이 하셨는데, 수업 중 발표를 전혀 하지 않아 발표력을 좀 키웠으면 좋겠다고 하더라"라고 하셨다. 육각형 인간이라 믿었던 내가, 태어나 처음 '단점'이라는 것을 가지게 된 것이다. 그리고 어머니의 미션이 떨어졌다. "발표 잘해야 커서 훌륭한 사람이 된다. 아는 거든 모르는 거든, 적극적으로 발표해보고 오면 엄마가 자장면 사 줄게."

난 어머니의 말씀을 잘 듣는 아이였다. 자장면도 먹고 싶었고. 그래서 보일 듯 말 듯, 수줍게 손을 살짝 들었다. 난 그저 어머니에게 오늘 학교에서 발표하려고 손을 들었다는 자랑을 하고 싶었다. 어쩌면 손 든 것만으로도 자장면 사 주실 수도 있으니. 그게 전부였다. 한 반 50명 중 20명쯤이 손을 들었고, 나는 티 안 나게 손만 슬쩍 올렸다. 그런데 매의 눈을 가진 선생님은 내 손이 어깨 근처 허공으로 수줍게 올라와 있는 것이 발견하셨다. "오, 저기 오래간만에 손창우가 손을 들었네. 한 번 말해 볼까요? 무슨 음식을 싫어해요?"

윽! 손을 잘라 버리고 싶었다. 선생님이 이걸 어떻게 본 거지. 분명 어제 어머니와의 면담도 있었기 때문에 나의 손을 예의 주시하고 계셨을 텐데, 내가 방심했구나. 발표를 전혀 안 하던 내가 쭈뼛거리며 일어서자 친구들도 이게 무슨 일이냐는 눈으로 날 쳐다봤다. 난 일어서서 시선을 정면으로 보지는 못하고, '촌음을 아껴라'라고 적혀 있던 급훈 액자만 쳐다보다가, 액자에게도 부끄러워 눈을 아래로 떨구고 떨리는 목소리로 대답했다.

1977, 부산 서구 동대신동

"미역국이요."

그러자 친구들이 하나둘 거들었다.

"미역국은 생일날 먹는 거잖아."

"그걸 왜 싫어해."

"미역국 맛있잖아."

"너 그럼 생일도 싫어해?"

난 정말 내가 싫어하는 국을 말했을 뿐인데, 내가 뭘 이렇게 잘못했지? 반공의 달에 공산당이 좋다고 외친 것도 아니고. 난 졸지에 넘어서는 안될 선을 넘은 사람이 된 것 같았다. 미역국은 전 국민이 건드리면 안되는 성역이었던 거야? 태어난 지 겨우 10년밖에 안된 꼬맹이가 신의 음식 미역국을 비난하는 것은 우리를 낳고 미역국을 드신 어머니에 대한 패륜인가?

난 부끄러워 얼굴이 말라붙은 떡볶이 소스처럼 빨개졌다. 아무튼 그 미역국 발표 이후 나의 손은 또다시 어깨 위로 올라오지 않았다. 발표 잘해야 커서 훌륭한 사람이 된다면, 발표 안 했을 때 갈 수 있는 최대치까지 훌륭한 사람이 되면 되지 뭐.

그때 친구들에게 당시 나의 미역국 드립에 대한 변명을 해 보자면, 난 미역국이 싫다기보단 소고기가 국물에 빠져 있는 것을 싫어했다. 소고기는 구워 먹어야지 왜 물에 빠뜨려 불려서 먹냐 이거지. 지금도 미역국 먹을 때 고기는 일등급 한우를 써도 남긴다.

미역국 사건 이후 나는 극단적 발표 회피자가 되었다. 그러던 중, 스포츠서울에 끼워진 광고지를 통해 웅변학원을 발견하신 어머니가 나를 등록해 주셨다. 마침 그 학원에 좋아하는 사촌 형도 다니고 있어서, 난 거부감 없이 웅변 학원에 갔다. 하지만 그곳은 전쟁터였다. 책을 소리 내 읽는 건 괜찮았지만, 한 명씩 교실 앞으로 나가서 소리를 빽빽 질러야 하는 것이 싫었다. 왼손 오른손을 번갈아 들어가며 "이 연사! 소리 높여! 외칩니다!!!"를 외치는 건 내 스타일이 아니었고 나의 가녀린 성대에 대한 테러였다. 너무 시끄러웠다. 태어나서 처음으로 '연사'라는 호칭을 얻게 된 것 빼곤 하나도 마음에 들지 않았다. 난 '플란다스의 개'에서 파트라슈가 죽을 때 꺼이꺼이 울던 감수성 충만한 아이였는데, 웅변 학원에서는 수시로 책상을 탁! 내려쳐야 했고, 외쳐야 하는 내용도 너무 폭력적이었다. 이승복 어린이의 입을 찢은 늑대 괴뢰군을 우리도 잡아서 찢어 죽이자고 너도나도 외쳤다. 이게 초등학생들이 할 소리인가. 더 큰소리로 찢어 죽인다고 외칠수록 우린 더 큰 칭찬을 받았다.

웅변학원이 조금 시들해지며, 상대적으로 인기를 끌었던 것이 주산 학원이었다. 주산을 하면 머리가 좋아진다는 소문이 퍼졌고, 태권도처럼 단증을 부여하며 묘한 경쟁심을 유도해서 많은 아이들이 주산 학원을 찾았다. 주산 1단 이상 되는 친구들은 쉬는 시간마다 "1이요 3이요 7이요" 하면서 숫자들을 던져 주면 계산기와 더하기 시합을 했고, 단 하나의 오차도 없이 정확히 답을 맞혔다. 어느 경지에 이르면 머리 속에 주판이 들어 있다고 하니 신기하긴 했다.

난 수산 학원은 한 번도 가지 않았지만 주판은 종종 샀다. 쉬는 시간이면 우린 가방에서 주판을 꺼내 발에 끼우고 주판스케이트로 복도를 질주했다. 문방구에서 저렴하게 산 주판은 내구성이 약해 조금만 타도

우두득 소리를 내며 터져 버려, 주판알이 폭죽처럼 사방으로 다 튀어나가곤 했다. 당시 주판을 전쟁터의 M16처럼 허리춤에 차고 다니시던 나이 많은 남자 선생님들은 우리를 혼내실 때, 머리 통에 주판을 대고 앞뒤로 마구 문지르시며 "머리에 고속도로 내 줄까?"라는 섬뜩한 멘트를 날리셨다.

5학년 때는 컴퓨터 학원도 다녀봤다. 동대신동의 삼보컴퓨터 학원이었다. 번쩍번쩍한 16 bit 컴퓨터가 20여 대 놓여 있었고, 우린 Basic 언어로 컴퓨터가 대체 뭐 하는 놈인지 배우려 노력했다.

10 S="손창우"

20 Y="천재"

30 PRINT S, Y

40 END

RUN

"손창우 천재"

하지만 세상은 빠르게 변했다. 마우스를 달고 온 윈도우라는 신세계를 앞세워 DOS 중심의 컴퓨터 학원들이 하나둘 문을 닫기 시작했다. 그 시절 컴퓨터 학원에서 나보다 머리가 하나 더 큰 박정효와 처음 만났다. 같은 학교에 다녀서 얼굴만 알고 있던 친구였는데, 정효는 나보다 몇 달 먼저 컴퓨터를 시작해서 이미 고난도 연산을 익히는 학원 에이스였다. 물론 정효는 네모난 게임 카트리지를 꽂아 즐기던 게임에 푹 빠져 있었지만, 학교만 끝나면 신나서 컴퓨터 학원으로 뛰어갔다. 난 정효와는 달리 컴퓨터 학원도 별 재미를 느끼지 못했다. 아무리 생각해도 컴퓨터보단 내가 더 똑똑한 것 같은데, 굳이 돈 주고 배울 이유가 있나 싶었다. 이미 난 공대로 갈 팔자는 아니었던 거지. 그래서 컴퓨터 학원도 한 달 만에 그만뒀다.

유일하게 꾸준하게 다닌 학원은 피아노였다. 초등학교 1학년 입학과 동시에 시작해, 6학년 졸업할 때까지 6년을 꼬박 다녔다. 어린이 바이엘, 하논, 체르니 30번, 소나티네를 다 마치고, 체르니 40번과 모차르트까지 연주했지만, '어머니, 창우 피아노 전공시켜 보시죠'급의 재능은 없었다. 중간에 두 번 피아노 학원에서 주최하는 콩쿠르에 나갔는데, 3학년 땐 '유모레스크', 4학년 땐 경쾌한 스타카토의 '코시코스의 우편마차'를 연주했지만, 어머니가 연주회 때 입으라고 브렌따노 가서 사 주신 귀염 뽀짝한 옷만 기억에 남는다.

피아노는 하늘이 내린 재능 같은 건 없었지만 딱히 그만 둘 정도로 싫지도 않아서 꾸준히 다녔고, 1980년대 후반 중학생들은 예체능을 끊고 국영수에 매진해야 하는 시대적 분위기로 인해, 나 역시 피아노 학원을 국민학교와 함께 졸업했다.

내 인생에 피아노 학원은 끝난 줄 알았는데, 다시 등장한다. 중2가 되던 해, 뉴에이지 피아노 열풍이 불었다. 우연히 본 리차드 클레이더만의 실황 영상은 내 사춘기 심장을 정조준해 흔들었다. 몇만 명 앞에서 만화 속 왕자처럼 우아하게 앉아 '아드린느를 위한 발라드'를 치는 모습에 전율이 일었다. 맞춤 양복인지 수트빨도 장난이 아니었다 와~ 이건 MC Hammer의 춤보다 더 큰 충격이었다. 조지 윈스턴 형님은 또 어언가. December 앨범의 thanksgiving, Variation on the Kanon by Pachelbel,

Joy는 듣고 또 들었다

 난 먼지가 뽀얗게 앉은 피아노 덮개를 다시 열었다. 그리고 다음 날 류지훈과 함께 다시 피아노 학원을 등록했다. 전공자가 아닌 중학생 남자 둘이 피아노 학원에 다니는 건 매우 드문 일이었지만, 라이브 공연에서 받은 전율을 잊기엔 강렬했다.

 다시 피아노 학원을 다니기로 했지만, 중학생들이 '엘리제를 위하여'를 치는 초딩들 사이에서 배울 순 없지 않은가. 그래서 우린 6년간 다닌 학원을 떠나, 근처 재즈 피아노 학원에 등록했다. 나름 손가락이 건반 위에서 날아다니던 시절이라, 우린 신나게 다녔다. 오른손 연습하고 왼손 연습하고 양 손을 맞춰 보던 패턴에서 벗어나, 코드로 치는 연주법을 배웠고, 체르니나 모짜르트 곡이 아닌 가요를 쳤으니 얼마나 재미있던지.

 연말 재즈 피아노 소규모 연주회에서 나와 지훈이는 공동 대상을 받았다. 우리가 제일 잘 쳐서라기보다, 중2 남자 둘이 피아노랑 재즈에 진지한 모습에 선생님이 기특하셨던 것 같다. 나는 그날 이상은의 '담다디'를 마장조 코드로 편곡해 연주했는데, 음 삑사리는 났지만 둠칫 둠칫 리듬으로 완주했다. 그 곡은 지금도 내 손끝 세포에 새겨져 있다.

 결혼식에서 피아노 연주도 많이 했다. 결혼식 입장곡와 퇴장곡을 주로 연주했고, 가끔은 축가도 쳤다. 심지어 내가 축가 연주하며 노래를 부르기까지 했다. 김동률이야? 미친 거지. 난 분명 진지하게 불렀다. "조심스럽게~ 얘기할래요~ 용기 내 볼래요~ 나 오늘부터 그대를 사랑해도 될까요~" 하지만 내가 축가를 열창하면 할수록 하객들은 더 크게 웃었다. 잔잔한 발라드에 사람들은 왜 웃었던 것일까.

마지막 연주는 한경훈, 최임정 부부의 결혼식이었다. 이 때는 연습을 거의 하지 않았다. 입장곡 30초, 퇴장곡 30초는 많이 연주해 봤기 때문에 손가락 감각에 모든 것을 맡기고, 축가만 연습하고 갔다. 입장곡 ok, 축가도 경훈이가 직접 부르는 바람에 멘탈 잡기가 쉽지 않았지만 ok. 그런데 마지막 퇴장곡을 칠 때, 다다다단, 다다다단, 다다다단 다다다단~ 인트로 부분을 연주한 다음, 순간적으로 '빰! 빰빠~ 빰빠빠빠~' 부분부터 머릿속이 새하얘지면서 손가락이 굳어 버렸다. 웁스. 몸에 밴 건 절대 까먹지 않는다고 어떤 놈이 그랬냐. 운전면허 필기시험 공부 안 해도 통과할 수 있다는 말을 믿고 그냥 갔다가, 필기 넉넉하게 떨어졌을 때보다 더 당황했다.

이미 엎질러진 물이다. 난 몇 번 틀린 코드를 치다가 에라 모르겠다, 불협화음 대환장 파티를 벌였다. 왼손은 쥐, 오른손은 고양이가 되어 지멋대로 눌렀다. 내 몸이 제어가 안되었다. 발작버튼을 off 시킬 필요가 있었다. 주문을 외웠다. 피아니시모, 피아니시모, 점점 약하게. 그러다 피아노를 살포시 멈췄다.

다행히 신랑 신부는 이미 퇴장했고, 식장은 축포 소리, 박수, 웃음이 한데 어우러져 아무도 피아노 쪽을 쳐다보지 않았다. 경훈아, 임정 씨, 미안. 결혼식 동영상 있으면 한 번 봐 봐. 퇴장곡 연주 10초 만에 '웁스' 하는 내 표정, 주먹 쥐고 피아노 치는 듯한 엉망진창 대환장 파티. 넓은 마음으로 용서해 주길.

오락실

학원에 시간을 뺏기지 않는 아이들의 방과 후 수업 장소는 오락실이었다. 난 오락을 즐기진 않았으나, 게임계의 조용필인 갤러그를 포함하여 너구리, 제비우스, 엑스리온 등 당시 초등학생들의 50원짜리를 강탈해 가던 메가히트 오락들을 모두 거치긴 했다.

오락실은 배움의 장이었다.

너구리를 하며 벌이 오는 시간, 당근과의 거리를 순간적으로 계산하고 점프 타이밍을 잡으며 즉시 실행에 옮기는 순발력과 판단력을 배웠고, 엑스리온을 하며 총알과 따발총의 엄청난 차이를 깨달았으며, 따발총은 아껴 놨다가 더 큰 독수리 적이 나올 때를 미리미리 대비해야 한다는 전략도 익혔다. 갤러그를 할 땐 화면 아래로 사라진 적들이 다시 위로 올라와 공격할 수 있으니 '꺼진 불도 다시 보자'는 교훈을 얻었고, 제비우스 비행선을 몰며 아래로 펼쳐지는 숲, 강, 사막 등의 배경을 통해 지구촌 자연의 아름다움을 눈으로 익혔다.

목숨은 세 개라 한 번 죽어도 두 번의 기회가 더 있다는 걸 배운 아이들은, 실생활에서도 목숨이 세 개인 것처럼 간덩이가 점점 커져 갔다. 그리고 목숨 세 개를 다 잃어도, 돈 많은 아이들은 50원만 더 넣으면 죽은 자리에서 다시 게임을 이어 갈 수 있었기에, 세상은 모두에게 공평하지만은 않다는 냉정한 현실도 오락실에서 배웠다.

하지만 난 어릴 땐 개미집 좀 건드렸지만, 동물과 곤충을 모두 사랑하던 평화주의자로서 파리와 벌을 총알로 쏴 죽이는 데 큰 재미를 느끼지 못했고, 너구리를 하면서도 왜 저 맛없는 당근 따위를 먹기 위해 목숨 걸고 압정들을 뛰어넘어야 하는지 이해할 수 없었다. 또, 좌우가 아닌 상하좌우 모두 움직일 수 있는 엑스리온을 하면서는 내가 공간 감각이 약하고 게임에 소질이 없다는 걸 절감했다. 그 후로 오락실에 대한 흥미가 점점 사라졌다.

그래서 이후 전국을 강타했던 이소룡, 보글보글, 1942, 테트리스, 원더보이, 스트리트파이터 같은 오락은 그저 옆자리 의자 끌어와 친구들이 하는 걸 구경만 했을 뿐이다. 가끔 친구들 게임이 끝날 기미가 안 보이면, 슈팅 게임 존을 벗어나 월드컵, 야구, 올림픽 같은 스포츠 게임을 하며 시간을 보냈다. 주머니에 50원짜리 10개만 있어도 짤랑짤랑 세상을 얻을 수 있었던 시절이었다.

결국, 돌이켜 보면 내 어린 시절 '학원'이라는 건 피아노가 전부였다. 우리집 작은 방에서 피아노 앞에 앉아 하얀 건반과 검은 건반만 번갈아 가르던, 그 한 대의 피아노면 충분했다. 그 이상은 꿈꾸지 않아도 될 만큼 세상은 아직 복잡하지도 경쟁적이지도 않아, 아이로서 살아가기 충분히 낭만적인 시대였다.

운동 못했던 아이

이 이야기는 우리 아버지 이야기부터 시작해야 한다. 아버지의 아버지, 그러니까 나의 할아버지는 일찍 세상을 떠나셨다. 남겨진 다섯 남매를 할머니가 정말 힘들게 키우셨다고 한다. 가난이 일상이던 시절이었지만, 아버지에게 그것은 더욱 가혹했다. 부산에서 가장 오래된 봉래국민학교에 다녔지만, 학비를 제때 내지 못해 선생님께 매질을 당하는 일이 잦았다고 한다. 그래서 학교 문턱만 봐도 마음이 무겁고 발걸음이 천근 같으셨다고 한다.

그러던 중, '운동부에만 들어가면 학비를 내지 않아도 된다'는 소문이 들려왔다. 아버지는 그 말 한 줄에 모든 희망을 걸고 운동부로 향했다. 그 종목은 복싱부였다. 당시 복싱은 학생들 사이에서 가장 인기 있는 스포츠였고, 선수층도 두터웠다. 아버지는 치열한 경쟁 속에서도 두각을 나타내며 중학교, 고등학교, 대학까지 줄곧 체육특기생 장학생으로 다니셨다. 체육관 바닥을 닦으며 하루를 시작하고, 텅 빈 링 위에 몸을 뉘이며 하루를 마감했다. 삶은 곧 운동이었고, 운동이 곧 삶이었다. 그 결과 결국 아버지는 국가대표가 되었고, 1966년 방콕 아시안게임에서 부산 출신 최초 금메달리스트라는 영예를 안았다. 아버지는 주먹 하나만 믿고, 학비 걱정 없이 학교를 다니며, 결국 아시아 정상에 오른 것이다.

아버지는 자신이 땀으로 버텨 온 길이 얼마나 고된지 알았기에, 자식들만큼은 공부를 하길 원하셨다. 운동은 단호히 금지되었고, 자신이 채우지 못한 배움의 갈증을 자식들이 대신 풀어 주길 바라셨다. 덕분에 나는 어린 시절 운동신경이 조금 보인다는 이유만으로도 아버지의 계획 아래 철저히 운동에서 배제되었다. 태권도장 문턱은 밟아 보지도 못했고, 대신 싸움 근육은 절대 생기지 않을 피아노 학원만 허락받은 것이었다. 아버지는 내가 밖에서 뛰며 땀 흘리는 것도 달가워하지 않으셨다.

대신 ABE 전집, 위인전 전집, 동아 세계 대백과사전 등 한 달 월급보다 비싼 책들을 아낌없이 사 주셨다. 그리고 말씀하셨다.

"니들은 아빠처럼 절대 운동하지 말고, 좋은 책 많이 읽고, 커서 훌륭한 사람이 돼라."

아버지의 계획대로, 나는 초등학교 시절 운동장에서 가장 느리고 둔한 아이로 남았다. 반면, 나의 절친 류지훈과 정현철은 남다른 운동 신경을 타고났다. 학교 울타리를 넘어, 전국 무대에서 겨뤄도 손색이 없을 정도였다. 탁구, 야구, 축구, 테니스, 농구, 달리기 등등, 모든 종목에서 동년배 중 최강이었다. 그런 친구들 사이에 끼어 있다 보니, 내 부족함은 더 선명하게 드러났다.

그러던 어느 날, 초등학교 5학년 운동회가 열렸다. 운동회의 꽃, 달리기 시합이 기다리고 있었다. 키 순서대로 여섯 명씩 출발선에 섰다. 총성이 울리자 아이들은 튀어 나갔고, 나는 어김없이 전전년도, 전년도에 이어 또다시 꼴찌로 결승선을 통과했다. 비록 책은 많이 읽고 공부도 잘했지만, 그래도 사내아이가 운동회에서 넉넉한 꼴찌라니, 현장에서 지켜보신 아버지의 얼굴에도 처음으로 부끄러움이 스친 듯했다.

그날 이후 아버지는 드디어 나에게 운동을 허락하셨다. 아니, 허락을 넘어 직접 나를 가르치기 시작하셨다. 5학년 겨울방학부터 아버지 체육관에서 복싱을 배우기 시작했고, 새벽이면 집 앞 구덕체육관으로 데려가 400m 트랙을 달리게 하시며 자세 하나하나를 손수 잡아 주셨다.

그렇게 나는 운동 성장판이 닫히기 전의 골든타임을 아슬아슬하게 붙잡고, 늦게나마 운동을 시작했다. 1년이 흘러 6학년 운동회 달리기 시합이 다가왔다. 어머니와 아버지가 모두 지켜보는 가운데, 내가 결승선을 통과하자 아버지는 환호하셨다. 1등이었냐고? 물론 그렇진 않았다. 그런 건 드라마에서나 나오는 이야기지. 아버지 목표는 단 하나, "4년 연속 꼴찌만은 피하자"였다. 결과는 최종 4등 — 꼴찌에서 동메달 바로 밑까지 찍은, 기적의 점프였다. 4등이어도 세상을 다 가진 기분이었다. 당시 3등까지는 손등에 도장을 찍어 주고 나중에 공책, 스케치북, 연필 등 선물을 받을 수 있었는데, 난 결국 초등학교 내내 손등의 도장은 받아 보지 못했다.

6학년 운동회 날은 달리기 4등 이외에, 내게 또 다른 의미가 있는 날이었다. 바로 내 생애 첫 번째 싸움이 그날 벌어졌다. 반 별로 운동장에 2열 종대로 '헤쳐 모여' 교장 선생님 훈시를 듣고 있는데, 옆 반의 석한이가 운동장에서 일부러 나를 밀치며 기세를 부렸다.

석한이는 5학년 때 나와 같은 반이었는데, 내가 달리기 6등으로 들어올 때 1등으로 들어온 건강한 녀석이었다. 석한이는 건들건들거리며 자기보다 약해 보이는 애들을 툭툭 때리고 다니던 악동이었다. 이 녀석 눈에 비친 나는, 잡아먹기 좋은 하리보 같은 존재였을 게다.

겉모습은 완벽한 타깃이었다. 난 6학년 때도 아직 키가 150cm도 안 됐고, 케냐 마라토너처럼 삐쩍 말랐고, 항상 헤헤 웃으며 다녔다. 학교에서 6년간 한 번도 화를 내거나 언쟁조차 한 적 없었으며, 달리기조차 넉넉한 꼴찌였으니. 또한 촌지가 암암리에 오가던 시절, 우리 어머니께선 '촌지 경쟁전'에 참여하지 않으셨고, 학부모회 등 주요 보직도 맡지 않으셨다. 그러다 보니 난 선생님들이 특별히 더 챙기는 그룹의 학생도 아니었다. 즉, 4분단 둘째 줄에 앉아 모든 영역에서 평범했던 학생, 다시 말해서 건들거리던 애들이 타깃 삼기 딱 좋은 캐릭터였다.

그날도 석한이가 달리기 1등을 못 해서 기분이 나빴는지, 날 툭툭 건드리며 화풀이를 했다. 하지만 그 녀석이 몰랐던 게 있다. 내가 삐쩍 마르고 웃는 상이었지만, 그 누구도 범접할 수 없는 DNA, 바로 부산의 '주먹왕 랄프' 가문으로 볼 수 있는 손씨 집안의 피가 흐르고 있다는 것을. 그리고 운동을 시작했다는 것을.

나의 영웅, 아버지

앞서 말한 대로, 우리 아버지는 복싱으로 아시아를 제패하셨다. 하지만 그 직후부터 약 2년간의 이야기는 내가 성인이 되고 나서야 아버지와 그 당시 친구분들에게 직접 들을 수 있었다. 남자들이 좋아하는 싸움 이야기가 바로 그때부터 시작되었다.

아버지는 대학생 신분으로 금메달을 딴 후, 일약 스타가 되셨다. 부산역에서 동아대학교까지 카퍼레이드가 펼쳐졌고, 고위 인사들의 행사에 자주 초청되셨다. 그 무렵 복싱을 하다 건달 쪽으로 빠진 친구들조차 아버지와의 친분을 과시하기 위해 연락을 해 왔다. 그러다 "야, 네가 그렇게 세냐? 나랑 한 판 뜨자"고 시비 거는 건달들도 등장했다.

아버지는 그때 나이 23~24세, 혈기왕성하던 시절이라, 링 위와 밖을 가리지 않던 복서였다. 도전이 오면 거절하지 않고 한 명씩 상대하셨다. 다져진 복싱 스킬과 강렬한 눈빛, 묵직한 말투, "내일은 없다"는 배짱과 깡까지, 남자다움 그 자체였던 분이라 전국의 주먹들을 차례로 제압하셨다. 당시 서울로 나와바리를 옮기신 아버지의 주무대는 동대문이었으며, 날렵하고 독기 있는 눈매로 인해 살모사란 별명을 얻으셨다. 당시 아버지와 함께 동대문을 거닐던 친구들은 한국의 협객 계보에서 빠짐없이 등장하는, 이름만 대면 산천초목이 벌벌 떠는 전국의 거물들이 되었다. 그래서인지 훗날 아버지는 가끔 서울에 오실 때마다, 숙소만큼은 동대문으로 잡으셨다. 기분이 좋으실 땐 내게도 당시의 무용담을 이야기해 주셨다.

"저 골목에 들어가면 C나이트가 있었다. 당시 거기에 동대문 오야붕과 부하들이 진을 치고 있었는데, 아버지가 거기 혼자 들어가서 두목이랑 한 판 붙었다. 그 두목이 유도를 했고, 100kg가 넘는 거구였는데, 그 당시 아버지 무서운 사람이었다. 주먹으로는 아버지를 이길 사람 없었다. 먼저 잡히면 죽는다는 생각에, 시작과 동시에 사이드스텝 밟고 제대로 쏵빡 한 방 날렸는데, 그걸로 끝. 나중에 사내답게 진 거 인정하길래 그날 이후 둘이 친구 먹었다."

"그리고 저기 모퉁이 돌면 극장이 있었는데, 친구들이랑 영화를 보러 들어가는데 웬 2미터 가까이 되는 미군 덩치가 시비를 걸어와서, 살짝 날아올라 레프트훅으로 턱을 그대로 가격했는데, 그 큰 덩치가 허수아비처럼 길가에 쭈욱 뻗어 버렸다. 그리고 영화를 다 보고 나오니 그제야 그 덩치가 옷을 툭툭 털면서 일어나더라" 등 MSG가 살짝 가미된 무용담들도 감질 맛 나게 해 주시곤 하셨다.

그리고 꼭 마무리는 엄마 이야기였다. "내가 느그 엄마를 만나지 않았으면 아마 계속 그렇게 살았겠지. 지금쯤은 정말 무서운 사람이 되어 있었을 끼다. 생각만 해도 아찔하다. 느그 엄마한테 내가 얼마나 고마운지 모른다."

그렇게 무서울 것 없이 주먹으로 동대문 일대에서 이름을 날리시던 아버지는 어느 날 복싱 후배의 누나를 우연히 보고 첫눈에 사랑에 빠졌으니, 그게 바로 우리 어머니다. 아버지는 그 사랑을 위해 짧지만 바람 같았던 '주먹 외도 생활'을 접고 학교로 돌아왔다. 이후 평생 학교에 남아 후진 양성에 헌신하셨고 학구열도 불붙어, 석사와 박사학위까지 취득하셨다. 당시 아버지와 잠깐 협객 우정을 나눴던 분들은, 아버지를 '손박사'라 부르며 자랑스러운 친구로 예우해 주셨다.

그리고 우리 집안엔 아버지뿐만이 아니었다. 큰아버지와 막내 삼촌도 모두 복싱을 하셨다. 아버지가 워낙 엘리트 코스를 밟아 나가시다 보니 조금 묻힌 감은 있지만, 큰아버지와 막내 삼촌도 엄청난 실력자들이셨다. 사실 그분들은 주먹으로 더 유명했다. 그래서 부산 복싱 및 주먹계에선 손씨 3형제를 모르는 사람이 없을 정도였다.

정리하자면, 난 집안의 주먹 화력만 보면 전국 세 손가락 안에 들 정도의 집안에서, 상대적으로 좀 더 막 살아도 되는 포지션인 둘째 아들로 태어난 것이다. 하지만 불행인지 다행인지, DNA들 사이의 치열한 지분 경쟁 사투 속에서, 내 안에서는 어머니의 온유 DNA가 51% 지분을 차지하여, 불의 앞에서 수먹을 휘두르는 깡보단 온유함이 최대주주로 자리 잡게 되었다.

만약 손씨 집안의 피가 최대주주가 되었다면 어떤 폭발력을 가졌을까 짐작을 하게 되는 대상들이 있으니, 사촌 동생 두 녀석이다. 둘 다 어릴 때부터 몸을 쓰는 감각이 남달라 일찌감치 운동을 시켰다. 특히 첫째 태훈이는 야구를 하다가 복싱으로 전향했는데, 내가 마포에서 혼자 살 때, 이 녀석은 상무 복싱팀에 선발되어 서울에서 합숙 훈련을 할 때라, 주말에 휴가 나오면 일단 우리 집으로 쳐들어왔다. 내가 잠시 외출했다 돌아오면 라면 두 봉지가 뜯어져 있고, 그 옆에 맥주 빈 병 5~6개가 가지런히 놓여 있었다.

"태훈아, 누가 왔었나?"

"아니, 혼자 있었는데."

"라면 두 개에 맥주 5병, 저걸 점심으로 니 혼자 먹었다고?"

"어."

"사람이가?"

"와이라노, 라면만 먹기 심심해서 반주 좀 한 거 가지고."

당시 태훈이는 헤비급이었는데, 저렇게 먹으면 사람 죽는 게 아닐까 싶을 정도로 쉴 새 없이 먹어, 우리 집 냉장고가 태훈이만 오면 바들바들 떨었다.

그런 태훈이 녀석이 아버지 밑에서 운동하다가 도망친 적이 있었다. 힘든 투기 종목 선수들은 합숙 중 기숙사를 몰래 빠져나가는 일이 종종 있었는데, 태훈이도 그중 한 명이었다. 소식을 들으신 아버지는 미간을 살짝 찌푸리시더니, 한마디 하셨다.

"요누무쉑히, 아직 고생 덜했네. 도망을 가? 지가 도망가 봤자 내 손바닥 안이지."

태훈이는 기숙사를 탈출해 저 멀리 전라도로 피신했다. 거기서 머리가 짧고 어깨가 넓고 검은 양복을 입고 다니는 친구에게 연락을 했고, 술집 아르바이트라도 하려고 일자리를 알아보다가 그 지역 유명한 건달을 만나게 되었다.

"이름이?"
"손태훈입니다."
"밖에서 뭐했냐?"
"운동했습니다."
"무슨 운동?"
"복싱했습니다."

이분은 태훈이의 위아래를 잠시 훑어보다가 순간 눈빛이 반짝였다.

"니 이름이 손태훈이라꼬? 복싱한댄고? 혹시 부산 영찬이 형님 조카 아니여? 복싱한댄 조카 하나 있다고 들었는데"

"헉… 그걸 어떻게… 아셨습니까?"

그분은 태훈이를 보고 씨익 웃으시고 전화를 들었다.

"영찬이 형님, 안녕하셨지라. 형님 조카가 지금 제 옆에 있는디요."
"그래? 당장 부산으로 보내라."
"네, 형님. 알것습니더."

그렇게 태훈이는 어이없는 검거 스토리로 부산으로 다시 끌려왔고, 아버지는 생각보다 많이 혼내지 않으셨다. 물론 내가 모르는 구디가 있었을 수는 있다. 어쨌든 그 후로 태훈이는 마음을 잡고 손에 피가 날 정도로 샌드백을 두드리며 독하게 운동을 다시 하기 시작했고, 그 해부터 국내 헤비급 상위 랭커로서 조금씩 성적을 올리기 시작했고, 엘리트들만 모이는 상무까지 들어가게 되었다.

다시, 1988년 동신 국민학교 운동회 날.

날 툭툭 건드리던 석한이가 간과했던 것은, 비록 난 키도 작고, 말랐고, 달리기도 느렸고 순했지만, 숨겨져 있던 내 몸의 49%는 저런 손씨 집안의 DNA였고, 이 집안 남자들이 "No fear" 정신으로 살아가는 모습을 늘 라이브로 지켜보며 성장했다는 것이다. 그래서 설명하기는 어렵지만, 당시 나는 누구랑 맞짱을 떠도 지지 않을 것 같은 막연한 자신감을 가지고 있었다.

운동회 모든 과정이 끝나고, 교실로 돌아가는데 석한이는 내 머리를 또 툭 치고 지나갔다. 이 정도 강도의 뒤통수는 못 참지. 순간 난 폭발했다. 그 녀석을 밀친 다음 발목 받치기, 일명 아싸바리로 넘긴 후, 헤드락을 걸었다. 초등학생의 싸움은 대부분 이런 식으로 흘러간다. 난 상위 포지션에서 조르기 굳히기를 들어갔고, 발버둥 치는 석한이는 내 밑에서 활어처럼 팔딱거릴 뿐, 더는 반격을 할 수 없었다. 복싱 집안 자제가 유도 자세로 싸우면 안 되지. 내 헤드락 밑에서 무방비로 드러난 녀석의 얼굴이 보였고, 주먹을 날릴까 잠시 고민했다. 이 자세로 파운딩 치면 코피는 기본이고, 이 녀석 너무 아플 것 같았다. 그래서 차마 때리진 않고 그대로 버티고 있었더니, 아이들이 달려와 싸움을 말렸다. 평소 순한 내가 싸움을 걸었으니 친구들은 놀랐다. 석한이는 얼굴이 하얗게 질려 더 이상 내게 덤벼들지 않았다. 초등학생 싸움에서 이 정도면 충분히 승패가 갈린 것이다.

나의 승! 1승!

하지만 그 뒤가 문제였다. 석한이는 같은 반 친구들 뒤로 슬쩍 숨어들었고, 그 무리에서 한 녀석이 전면에 나섰다.

"마, 돌았나. 니 내일 학교 끝나고 딱 남아라!"

그렇게 내게 선전포고를 한 친구는, 싸움씬에선 유명하던 그 반 통이었다. 얍삽한 놈, 졌다고 바로 통 뒤로 숨어? 상황이 그렇게 돌아가자, 생애 첫 승의 감동이 채 가시기도 전에, 곧 다시 두려움이 밀려왔다. 그 녀석은 결코 만만한 상대가 아니었다. 친구들을 압살하는 기세를 나는 이미 여러 번 본 적이 있었다.

그래서 난 곧장 집으로 돌아와 아버지가 운영하시던 체육관으로 향했다.

"아버지, 저… 내일 싸울 것 같습니다."

"싸운다고? 누구랑?"

"옆 반 통이랑요."

"그래?"

아버지는 내가 '통'이란 단어를 힘주어 말했는데도, 아버지의 입가엔 가볍게 미소가 번졌다.

"일로 온나. 아빠가 때리는 거 가르쳐 줄게."

그렇게 난 아버지로부터 싸움 기술을 선수받았다. 한 동작을, 딱 한 동작만, 무려 한 시간 넘게 반복했다. 그때 익힌 기술은 지금도 내 몸이 정확히 기억하고 있다. 싸움은 복싱과 달리 '차렷 자세'에서 시작하는 경우가 많다며, 아버지는 가드부터 내려놓으라 하셨다. 복싱의 가드 자세가 아닌 차렷 자세로 서 있다가 뒷발에 단단히 힘을 주고, 몸을 팽이처럼 휙 돌려 회전력으로 짧게 끊어 치는 라이트 훅. 그리고 몸을 반대로 튕겨 주며 후속타로 이어 가는 레프트 훅. 아버지는 내 여린 주먹을 손바닥으로 직접 받아 내셨다. 그렇게 한 시간이 흘렀을 무렵,

"이제 이만하면 됐다. 우리 창우 주먹 맵네. 지금 친 것처럼 라이트 훅 제대로 들어가면 다 떨어지게 돼 있다. 레프트 훅 칠 필요도 없겠다. 흥분해서 무게중심 잃으면 안 된다. 중심은 여기에 두고, 팽! 팽!"

아버지의 한 시간짜리 '실전 특강'이 끝났고, 나는 묘한 자신감에 충만해 다음날 학교에 등교했다. 방과 후 시간까지 몰래 몰래 콤비네이션을 복습했다. 수업이 끝나고 가방을 멘 채 운동장으로 나갔다. 내가 질 수도 있으니, 맞는 모습을 친구들에게 보이고 싶지 않아 혼자 나갔다. 독고다이, 이것이 무쏘의 뿔처럼 혼자서 가는 진정한 협객의 모습 아니겠는가.

펀치의 시작점이 되는 발끝 마찰력을 극대화하기 위해 운동장 모래를 고르며, 워밍업으로 어깨를 슥슥 털기 시작했다. 잠시 후, 그 녀석들도 가방을 멘 채 운동장에 들어섰다. 대여섯 명이 함께였다.

그들과의 거리가 가까워질수록, 의외로 난 차분해졌다. 겁나지 않았다. 머릿속에선 어제 배운 동작만 계속 리플레이되고 있었다. 뒷발에 힘주고 팽이처럼 팽! 회전축을 살린 채 반대로 팽!

적들과의 거리 30m… 20m… 10m… 5m… 3m… 1m…

내 마음 속 브루스 버퍼가 외쳤다. "It's time! Fighting out of the blue corner…"

앗, 그런데 그 녀석들도 날 분명히 봤는데도, 서로 히히덕거리며 내 곁을 스쳐 지나가더니 그대로 학교 앞 오락실 속으로 사라졌다. 역시 초등학생들의 기억력이란 순간뿐이었다. 싸움을 하겠다고 해 놓고 오락실로? 인생 좀 진지하게 살지 않을래? 그제서야 긴장이 확 풀렸다. 어쩌면 아쉬움보다 더 컸던 건 안도감이었다. 팽! 팽!으로 한 명은 보낸다고 치자. 나머지 무리들은 가만 있겠어? 난 지근지근 밟혔을 테지. '보글보글'과 '너구리'가 날 구원했다.

그렇게 나의 인생 첫 번째 싸움은 싱겁고도 담백하게 마무리되었다.

대동중학교

나의 두 번째 싸움은 중학교 2학년 때 벌어졌다. 컴퓨터학원 꺽다리 박정효가 반장이었고, 나는 부반장이었던 대동중 2학년 8반은, 마치 실험쥐 시험의 대조군을 의도적으로 짜맞춘 듯, 전교의 일진이 한데 모여있었다. 심지어 위치는 지하 2층 화장실 앞, 통풍도 안 되고 암모니아 냄새가 교실을 휘감고 있었으니, 들어서는 순간부터 전학각 분위기였다. 나는 순하고 착한 아이였는데, 왜 이 반에 들어온 건지 아직도 이해가 안 난다.

중학교 때 내 캐릭터는 그대로였다. 공부는 잘했고 키와 체격, 운동

능력은 평균 이상이 되었지만, 여전히 순해서 만만한 상대였다. 그러던 어느 날, 정규라는 친구가 나를 계속 건드리기 시작했다. 전형적인 '강한 자에 약하고 약한 자에게 강한' 스타일이었다. 주변을 서성이며 약한 상대를 찾던 그 레이더망에 내가 또 걸린 것이다. 반에서 공부 1·2등은 암묵적으로 일진들의 면죄부를 받지만, 난 박정효와 3-4등을 다투다 보니 해당되지 않았다. 정규의 도발은 점점 심해졌고, 난 어깨를 털고 몸을 팽팽 돌려보며, 조만간 한 판 뜨겠다는 결심을 하고 있었다.

그러던 어느 날, 매점 앞에서 우린 격돌했다. 정규는 날 툭툭 건드리던 선을 넘어서, 그날은 발로 가만히 있는 날 찼다. 에이, 사람 많은 매점 앞에서 발차기라고? 언제 한 판 뜰까 기회만 보던 내게, 발차기는 그린 라이트였다. 난 쿨하게 다가가서 차분하게 말했다.

"마, 안경, 벗어라."

정규는 어이없는 표정으로 "이게 돌았나" 하며 안경을 벗었고, 그 순간 지금도 잊을 수 없는 인생 펀치가 나왔다. 차렷 자세에서, 뒷발에 힘을 주고 몸을 팽이처럼 팽 돌리며, 짧게 끊어 치는 라이트 훅! 퍽!

2년 전 아버지 손을 미트 삼아 연습하던 그 펀치였다. 수백 번, 수천 번 연습했던 그대로였다. 나의 주먹은 아름다운 곡선을 그리며, 완벽한 밸런스를 타고 뒷발에서 허리, 어깨, 팔꿈치, 손목마다 최고의 각도를 거친 후, 주먹으로 힘이 제대로 전해졌다. 그리고 정확히 그 녀석의 눈가에 꽂혔다. 그런데도 주먹에는 아무런 감각이 없었다. 완벽히 들어간 타격이었기에, 오히려 허공을 친 듯 감각조차 느껴지지 않았다. 밑을 내려다보니 정규는 눈을 부여잡고 푹 쓰러져 있었다. 진짜 아버지의 말씀처럼 후속타 레프트훅은 필요 없었다. 오히려 정규의 상태가 더 걱정될 정도였다. 다행히 조금씩 꿈틀거리는 게, 살아는 있었다.

원 펀치로 KO! 2승째!

정규는 몇 주 동안 안대를 하고 다녔다. 이 사건 이후, 우리 학교 일진들 사이에 소문이 퍼졌다.

"손창우 아버지가 동아 체육관 관장님인데 부산 통이란다."

"명절이면 전국 주먹들이 인사하러 온단다."

"손창우도 어릴 때부터 복싱 했단다."

딱 중딩 수준의 소문이었지만 그 힘은 컸다. 당시 동아 체육관은 세계 챔피언과 동양챔피언을 여럿 배출하며 부산에선 명성이 자자한 곳이었고, 중3 일진 형들도 우리 체육관에서 운동을 하고 있을 때라, 그 이후로는 아무도 날 건드리지 않았다.

그리고 중3이 되었다. 내 전 학창 시절 통틀어 중3 때 성적이 가장 안 좋았다. 류지훈, 정현철, 변성준, 조현호, 이성철 등과 함께 독서실에 가방만 던져 놓고 어울렸고, 심지어 시험 전날 구덕산 정상에 올라 산꼭대기에서 포커를 치던 기억도 난다. 내가 동아체육관 관장님의 아들이란 사실은 어느새 잊혔고, 내 큰 버팀목이었던 일진 형들도 졸업했으며, 마지막 보루였던 성적마저 떨어졌으니 난 또 만만한 캐릭터가 되어 집적대는 놈들이 생기기 시작했다.

이번엔 그동안 상대해 왔던 녀석들보다 전력이 훨씬 강한 개득이라는 별명을 가진 친구였나. 키도 나보다 한 뼘쯤 더 컸고, 운동 신경도 좋았으며, 싸움도 꽤나 한다고 소문난 녀석이었다. 그 녀석이 건들거리며 내게 손을 뻗을 때마다 난 세 번째 싸움을 직감했다. 그래서 어느 날, 매점에서 500원짜리 우동을 하나씩 시키고 정현철, 변성준, 조현호를 불러 모아 놓고 선포했다.

"나 다음 쉬는 시간에 개득이랑 한 판 붙을 거니까, 구경하고 싶으면 우리 반으로 찾아온나."

그러자 친구들은 한 목소리로 말렸다. 다들 내가 질 거라고 했다. 2전 2승인 내가 이 정도로 언더독 평가라고? 이놈들은 내가 정규를 한 방에 보낸 장면을 보지 못했다. 사실 그날 이후 내 자신감이 폭발했고, 복싱도 틈틈이 했고, 누구든 한 방에 보낼 수 있다는 느낌이 들었다.

"뭐라 하노, 내가 이긴다. 다음 쉬는 시간에 싸우고 올 테니, 다다음 쉬는 시간에 매점에 다시 모여라. 얼굴 깨끗하게 나타날 테니 우동 한 그릇씩 더 때리자."

내 예상대로, 다음 쉬는 시간 되자마자 개득이는 내 자리 앞에 앉더니 내 머리를 툭툭 쳤다. 오케이, 넌 미끼를 문 것이여.

"하지 마라."

난 눈을 부라리며 경고를 했다. 평생을 책 한 줄도 안 읽은 사람처럼 시력이 좋았던 녀석이라, 나의 시그니처 서전포고였던 '안경 벗어'는 하지 못했다. 개득이는 아랑곳하지 않고 "어쭈, 눈 착하게 안 뜰래?" 하면서 한 대 더 때렸다. 자, 시작하자. 난 지체 없이 내 주특기, 회심의 라이트 훅을 날렸다. 눈가에 적중했다. 빡!

게임 끝! 내 계획대로라면 여기서 상황은 종료되어야 했다.

하지만 세 가지 문제가 있었다. 첫째 난 지난번과 달리 앉은 자세로 주먹을 날렸다. 뒷발에 힘을 싣고 몸을 팽이처럼 회전해 펀치를 날려야 했는데, 앉은 자세로는 주먹에 힘이 제대로 실리지 않았다. 둘째, 별명이 왜 개득이겠는가. 이 녀석은 한 대 맞고 꼬리를 내리는 스타일이 아니었다. 길거리 싸움 경험이 무수한 친구였다. 체중까지 싣진 못했지만, 꽤 제대로 맞았음에도 그는 순간 움찔하더니 도끼눈을 뜨며 내게 달려들었다. 이건 내 시나리오에 없던 장면이었다. 마지막 문제는 내가 익힌 컴비네이션이 이게 전부였다는 점이다. 스탠딩 자세의 라이트 훅 이후의 그라운드 움직임은 배우지 못했다.

그때부터 중3 둘의 개싸움이 벌어졌다. 레슬링 공방전을 벌였는데 내가 힘에서 좀 밀렸다. 이대로 당하면 지겠다고 생각하던 찰나, 멱살을 잡은 상태에서 회심의 라이트 훅을 한 방 더 날렸다. 코에 적중했다. 정규 눈을 강타했을 때만큼의 짜릿함은 없었지만, 코도 나름 촉감이 좋았다. 그 펀치로 전세가 다시 뒤집혔고, 나는 왼손으로 멱살을 잡고, 오른손으로는 라이트 스트레이트를 연거푸 던졌다. 어정쩡한 각도로 그 녀석의 돌대가리만 계속 쳤더니, 내 손이 아팠다. 이후엔 친구들이 끼어들기 전까지 서로 엉켜 막 싸웠다. 결국 레슬링 공방은 내가 좀 밀렸지만 라이트 스트레이트 몇 방으로 개득이의 눈가가 멍이 들고, 코피까지 났다. 이건 국가와 문화와 시대를 초월한 공식이다. 싸움에서 멍들고 코피 나는 사람이 진 거다. 얼굴 깨끗했던 나의 승! 3승째!

다음 쉬는 시간에, 난 의기양양하게 매점으로 향했다.

"이겼나? 얼굴 깨끗한데?"

"당연하지. 나는 한 대도 안 맞고, 개득이 멍들고 코피까지 났다."

1977, 부산 서구 동대신동

"진짜? 지기네. 니 맞으면 내가 복수하러 갈라 그랬지. 진짜다."

난 약속대로 우동을 하나씩 쐈고, 그 후로 내 인생에는 싸움이 없었다. 모두가 날 언더독이라고 평가했지만, 결과는 3전 3승! 그리고 조기 은퇴! 내 마음 속의 Undisputed champion!

대동고등학교

내 인생 통틀어 중3 겨울방학 때 가장 열심히 공부를 했다. 딱히 주먹을 불끈 쥐고 엄청난 다짐을 했던 것은 아닌데, 친구들과 만나는 시간을 제외하고는 남는 시간엔 공부만 했다. 우리 무리 중 나와 정현철은 중학교에 이어 대동고등학교로 함께 배정받았다.

중학교 등수에 ×3을 하면 고등학교 등수라고 하길래 반에서 5~6등 정도 할 거라 예상했는데, 고1 첫 시험에서 난 처음으로 반에서 1등을 했다. 물론 홍성진과 공동 1등이긴 했는데, 인생 첫 1등이라 어안이 벙벙했다. 그때부터 1등 타이틀 유지를 위해 더 열심히 공부했다. 학기 초라 친구도 없었고, 짧은 10분 쉬는 시간에도 정석 수학 문제 하나 더 풀고, voca 22000 단어를 외우고, 평소에도 5시간 이상 잔 적이 없을 정도로, 상상도 할 수 없던 수준의 모범생 루틴을 만들어 버렸다.

그날도 쉬는 시간에 수학 문제를 풀고 있었다. 나는 12반이라 2층 우측 끝, 현철이는 2반이라 1층 좌측 끝이었는데, 갑자기 현철이가 코피를 흘리며 우리 반으로 헐레벌떡 뛰어 들어왔다.

"개창! 개창 어딨노!"

"요 있다. 와?"

"내 방금 두환이랑 싸웠다. 지기재?"

두환이가 누구인가. 나랑 초중고를 함께 다녔고, 초중고 모두 학교통 그랜드슬램을 달성한 싸움의 레전드 아닌가. 그런 두환이랑 현철이가 싸웠다니? 믿기지 않았다. 격이 맞지 않는 이야기였다. 다음 쉬는 시간에 나는 2반 교실로 내려가 상황을 들었다.

현철이와 두환이는 아주 가까운 친구였다. 둘은 동전을 몇 개 쥐었는지를 맞추는 짤짤이 놀이를 즐겼다. 둘은 쉬는 시간마다 기도손을 모으고 그 안에서 동전들을 흔들었다. 그런데 현철이는 짤짤이를 잘했다. 그날도 연승 중이었고, 두환이 표정이 굳어지며 서서히 열 받고 있었는데, 기세가 오른 현철이는 두환이를 놀렸다. 아마 이런 말이었을 것이다. "천하의 두환이가 혓바닥이 왜 이렇게 길어. 후달리냐. 나 이대 나온 남자야. 낙동대교는 무너졌냐."

그 순간, 아이 머리통만 한 두환이의 주먹이 현철이의 얼굴에 꽂혔다.

물론 싸움은 거기서 끝이다. 두환이는 우리에겐 마이크 타이슨 같은 존재였다. 아무도 감히 그에게 덤빌 수 없었다. 다만 인간계 무리들 사이에선 신계 두환이와 맞붙었다는 사실만으로도 하나의 훈장과 같은 일이었다. 그래서 현철이는 코피를 뚝뚝 흘리며 그 긴 복도를 뛰어와 내게 자랑한 것이다.

빙다리 핫바지 인생들.

두환이의 펀치가 현철이의 성장판을 열어 버렸는지, 이후 현철이는 걷잡을 수 없이 폭풍 성장했다. 키는 183cm에 건장한 체격을 갖추었고, 본격적으로 체대 입시를 준비하며 운동 능력과 피지컬은 눈에 띄게 좋아졌다. 체력 측정의 모든 종목에서 학교 최고점을 기록했고, 두환이에게 맞았다는 사실이 자랑이었던 현철이는 더 이상 존재하지 않았다. 나름 교실 뒷자리에서 "마, 조용히 좀 해라" 한마디 할 정도의 입지는 다지게 되었다.

그 녀석이 멋있었던 장면이 하나 있다. 내가 매점에 다녀오니 책상 서랍이 깨끗하게 비워져 있었다. 누군가 나의 참고서와 문제집을 훔쳐 간 것이었다. 양아치들이 그렇게 훔쳐 간 책들은 이름을 지운 후 중고서점에 다시 팔아서 당구비와 담뱃값으로 세탁되었다. 자근자근 씹어 먹을 놈의 쉑히들. 시험이 얼마 남지 않은 상황이었기에, 난 몹시 분개했다. 내 안의 셜록 홈즈를 깨워 누구 훔쳐 갔는지 찾았다. 벌서부터 네 번째 싸움이 예고된 기운이 감돌았다. 그래서 현철이를 불렀다.

"철아, 어떤 쉑히가 내 문제집 다 훔쳐 갔다. 누군지 짐작가는 놈 없나."

"그 쉑히, 사람을 잘못 골랐네. 우리 개창, 서울로 대학 보내야 되는데… 가만 있어 봐라" 그 말을 남기고 현철이는 사라졌다.

그리고 다음 쉬는 시간에, 현철이는 씩 웃으며 내 문제집들을 그대로 수거해서 내 앞에 탁 내려놓으며 한마디 남겼다.

"누가 훔쳐 갔는지는 몰라도 된다. 그 쉑히들한테 니 꺼는 더 이상 손대지 말라고 해 놨으니까, 마, 니는 공부만 열심히 해라. 서울로 대학 가야지. 나중에 우동 한 그릇 사라."

현철이를 유치원 때 알게 된 이후, 단연 가장 간지 나는 장면이었다.

1994, 우리들의 성장 느와르

그 시절 나, 류지훈, 정현철, 방진철, 박정효, 박상훈, 조현호, 변성준, 총 여덟 명은 새로 오픈한 대신동의 원일 독서실에 헤쳐 모였다. 홍익 독서실보다 놀기 훨씬 좋은 환경이었다. 여기서 나는 많은 시행착오 끝에 공부와 일탈의 균형 지점을 맞추는 법을 터득했다. 학교에서는 쉬는 시간에도 책을 놓지 않고 숨만 쉬며 공부했지만, 밤이 되면 친구들과 독서실에 모여서 '우리의 밤은 낮보다 아름답다'를 매일 증명했다.

야간자율학습이 끝나는 밤 9시, 우리는 대동고, 동아고, 혜광고 각기 다른 교복을 입고 독서실로 모였다. 책상 위에 가방을 살포시 던져 놓고, 다양한 방식으로 놀러 다녔다. 남포동 자이언트 노래방은 우리들의 단골 놀이터였고, 바다가 우리를 부르던 날엔 240번 버스를 타고 광안리나 해운대까지 원정 여행을 떠났다. 술 담배의 맛을 알아 가던 시절, 진철이는 광안리 모래사장에서 간지 나게 담배 불똥을 튕겨 버리고 꽁초를 버렸다가 경찰아저씨한테 삽혀 혼나기도 했다.

그렇게 들개 무리처럼 몰려다니다가, 결국 일이 터졌다.

고3 수학능력시험을 60여 일 앞둔 1994년 9월 18일, 날짜도 잊을 수 없다. 그날은 류지훈 생일이었다. 우린 수능 D-100일에 세계인들의 전통인 백일주를 마신 이후, 또다시 놀 명분을 찾고 있었는데, 지훈이 생일이면 최소 자이언트 노래방은 가 줘야 하는 날이었다.

저녁 '나는 가수다' 거사를 위해 하나둘 독서실에 모여들던 우리는, 평소처럼 독서실 앞 공터에서 떠들며 놀고 있었다. 그 공간은 우리만의 아지트였다. 하지만 그 모습을 곱지 않은 시선으로 바라보던 친구가 있었으니, 바로 그 유명한 옆 학교 통, 강건마였다. 우리 또래에서 강건마를 모르는 사람은 없었다. 대부분이 막싸움 베이스였던 그 시절, 그는 혼자 MMA 스타일의 고급 스킬을 구사하던 넘사벽 실력자였고, 심지어 공부도 잘하고 얼굴도 잘생겨서, 마치 만화 주인공 같은 사기 캐릭터였다. 손창우가 한 명 더 있었다 보면 된다.

그날 강건마는 뭔가 기분이 좋지 않았던 듯했고, 어떤 오해가 있었는지 모르겠지만, 우리를 향해 뚜벅뚜벅 다가오더니, 제일 앞에 있던 진철이에게 다짜고짜 하이킥을 날렸다. 다행히 진철이는 순하디 순한 얼굴과 달리 킥복싱 유단자로, 일대일로는 어디 가도 빠지지 않을 실력자였다. 갑작스러운 하이킥에 당황했지만 본능적으로 양팔 블로킹에 성공했고, 애꿎은 손목시계만 허공으로 날아갔다. 다음 타깃은 오늘의 생일자 지훈이었다. 강건마는 회심의 펀치를 지훈이에게 날렸고, 바로 그 순간, 1994년 9월 18일의 전설이 시작되었다.

지훈이도 성격은 온순한 편이라 웬만해서는 싸움을 피하곤 했다. 하지만 우리 친구들은 다 알고 있었다. 지훈이는 숨은 싸움꾼이었다. 다른 설명은 필요없고 인간 자체가 강하게 태어난 녀석이었다. 동네 자타공인 싸움짱 강건마와 베일에 가려진 실력자 류지훈의 혈전이 시작된 것이다.

강건마는 진철이에게 날린 하이킥이 막히자, 재빠르게 바로 옆에 있던 지훈을 타깃으로 삼았다. 그런데 지훈이는 날렵하게 피하면서도, 역공을 펼쳤다. 순간 강건마의 머리를 잡아 벽에 찍더니, 몇 차례의 주먹 공방에서 유효타는 오히려 지훈이가 더 많았다. 예상치 못한 전개에 강건마 친구들이 등장해서 둘을 떼어 냈다. 모두가 놀랐다. 천하의 강건마와 듣도 보도 못한 친구가 치고받는 장면을 목격했으니 말이다. 항상 원사이드 싸움만 하던 강건마조차 적잖이 당황한 눈치였다. 그러고, "한 시간 후에 서여고에서 보자"라고 말하며 사라졌다.

사실 그 싸움이 중단 없이 계속 진행되었으면 역대급 언더독의 업셋이 나올 뻔했다. 하지만 아쉽게 뒤에 서 있어야 했던 똘마니들의 개입으로 원점으로 돌아왔다. 이쯤 되면 노빠꾸지, 우린 서여고로 모두 함께 가기로 했다.

이건 분명 패싸움으로 이어질 각이었다. 양팀의 전력을 한 번 보자. 강건마 뒤에는 이런 상황이 익숙한 일진 십여 명이 포진해 있었다. 반면 우리는 나, 방진철, 박정효, 조현호, 단 4명이었다. 우린 쪽수를 빠르게 늘려야 했다. 전력에 보탬이 되지 않을 친구들은 머릿수 채우는 것 말고는 의미가 없고, 난 정현철과 박상훈을 찾으러 다녔다. 현철이는 운동능력이 정점에 달한 상태였고, 상훈이는 고뿔소 같은 괴력에 눈이 한 번 돌아가면 걷잡을 수 없는 놈이었다. 삐삐와 핸드폰이 없던 시절이라 여기저기 뛰어다니며 찾았는데, 이 두 녀석은 아무리 찾아도 보이질 않았다. 시간만 좀 더 있었더라면 당구장을 모두 뒤졌겠지만 약속 시간은 다 가왔고, 결국 우리는 우리 다섯 명만으로 서여고로 향했다.

도착하자, 상대편은 예상대로 정예부대처럼 십여 명이 이열횡대로 서 있었다. 우리도 여차하면 뛰쳐나갈 각오로 뒤에 한 줄로 섰다. 그래 봤자 네 명이었지만, 적에게 목을 펼쳐 후드를 넓히고 오르렁 소리를 내는 코브라 네 마리처럼 위풍당당하게 섰다. 그때부터 류지훈과 강건마의 전설적인 0918 서여고 혈투가 시작됐다. 둘은 거의 UFC 스타일의 MMA 경기처럼 치고받았다. 5분 정도 치고받다가 5분 정도 쉬고, 또다시 5분의 육박전. 중간에 상대편 친구들이 일어서려 할 때마다 우리도 공작새처럼 몸집을 부풀리고 뛰어나갈 자세를 취했다.

정현철과 박상훈은 끝내 연락이 닿지 않았지만, 동아고 일진 출신 친구 세 명이 소식을 듣고 달려왔다. 그중 한 명은 파이팅 넘치게 한 손에 각목을 든 채 등장했지만, 서로 무기 들고 액션 취하는 분위기는 아니니 각목은 학교 앞에 버리고 오라고 설득했다. 낭만의 시대에 무기는 아니지. 이제 뒷줄 멤버들의 쪽수와 전투력도 거의 비슷해졌다.

파도타기처럼 양쪽이 번갈아 가며 일어서기를 반복했지만, 결국 서여고 혈투는 패싸움으로까지 이어지진 않았다. 초반엔 류지훈이 우세했고, 중반엔 시소게임처럼 팽팽했으며, 후반으로 갈수록 싸움 체력이 단연 뛰어난 강건마가 주도권을 잡았다. 한 시간 가량 이어진 싸움 끝에, 둘은 수돗가에서 얼굴을 씻고, 불이 붙은 것 같은 두 명의 얼굴을 중심으로 캠프파이어 하듯, 양측이 모두 둘러앉았다.

그때 강건마와 류지훈의 대화는 대략 이러했다.

"니 보기보다 잘 치네."

"어, 니도 듣던 대로 잘 치네."

"니 다음 주 삼성여고 학예회 갈 거가?"

"어, 갈 거다. 니는?"

"나도 갈 거다. 그러면 오늘은 그만하고, 학예회 끝나고 다시 만나서 싸우자."

"그래, 그러면 삼성여고 갔다 와서 그다음 주에 만나자."

정말 역대급 맞짱이었지만, 마무리는 완전 고등학생답게 이뤄졌다. 여고 학예회에 가야 해서 더 이상 얼굴이 망가지면 안 된다는 공감대가 형성된 것이다. 류지훈과 강건마는 악수를 했고, 뒷줄의 우리도 국가대표 A매치라도 끝난 것처럼 서로 악수를 하며 2주 후에 보자는 인사를 하며 헤어졌다. 물론 2주 후 재대결은 없었다. 초등학교 때 싸움 대신 오락실을 택한 아이들처럼, 우리 모두 고3이었고 수능이 코 앞으로 다가온 시점이었다.

싸움이 끝나고 우리는 대신동 돼지국밥 집에 들어갔다. 환한 조명 아래서 보니, 지훈이의 얼굴은 완전히 엉망이었다. cctv도 인식 못할 수준이었다.

우린 그 와중에도 낄낄대며 지훈이 얼굴 보고 한마디씩 했다.

"임마, 얼굴 완전 구니스에 나오는 슈퍼맨 괴물 같네."

"얼굴로 무지개 그리나."

"어릴 때 파브르 곤충기에서 이렇게 생긴 생물 봤다."

"얼굴 드릅다고 수능장 못 들어갈걸."

친구들이 다 떠나고 지훈이가 집에 같이 가 달라고 했다. 긴장이 풀려서인지 지훈이 몸은 만신창이였다. 나는 부축해 그를 집까지 데려다주었다. 지훈이 어머니는 생일날 얼굴이 떡이 된 채 들어온 아들을 보고 폭발하셨다.

"이기 뭐꼬? 얼굴이 와 이 모양이고? 창우야, 니가 말해 봐라. 일마 얼굴이 와 이 모양이고? 싸웠나? 너거 미친 거 아이가? 지금 수능이 며칠 남았다고 싸움질하고 돌아다니노? 창우는 얼굴이 깨끗한데 와 니 얼굴만 이래 됐노? 어? 말해 봐라?"

난 그 와중에, '창우는 싸움을 잘해서 얼굴이 깨끗하고 지훈이는 못생겨서 사실 별로 티도 안 나요'와 같은 개드립을 마음속으로 치고 있었.

그다음 날 학교에 가니, 교실은 온통 어젯밤 서여고 혈투 이야기로 떠들썩했다. "그 유명한 강건마가 동아고등학교 이름 없는 애랑 붙었는데, 한 시간 동안 싸웠는데 승부가 안 났단다. 둘 다 장난이 아니었다네. 2주 후에 다시 싸우기로 했다는데, 열라 재밌겠다. 같이 보러 안 갈래?" 대충 이런 내용들이었다. 여느 때처럼 쉬는 시간에도 공부하고 있던 난, 속으로 그 뒷줄 에이스가 나였다는 말을 하고 싶었다. 물론 방진철과 박정효도 자신들이 뒷줄 에이스였다고 우길 테지만…

우린, 50을 목전에 둔 지금도 만나면 이날 이야기를 한다.

"니 그날 젤 뒤에 서 있드라. 무섭드나?"

"뭐라 하노, 젤 뒤에서 몸 풀고 있었다. 여차하면 뛰어 나갈라고."

"임마 그날 완전 쫄았던데? 패싸움 나면 죽은 척 할라고 했재?"

"뭐라 하노, 내가 나섰으면 금마들 다 죽었지."

"뒷줄이 너무 약해서 내가 맘 놓고 싸울 수가 없었다."

"뭐라 하노, 니는 얼굴로 펀치를 다 받아 뿌대. 그거 못 피하겠드나?"

"그때 날라간 시계 찾았나? 킥 날라오니까 얼굴 가리고 주저 앉아 뿌대."

"뭐라 하노, 시계만 안 날라갔으면 바로 반격했지."

"얼굴이 피카소가. 위치가 뒤죽박죽이 되뿌노."

"니 뒷줄에서 완전 착한 눈 하고 있대?"

"뭐라 하노, 미간 심하게 지푸리고 있었다. 다들 내 눈 피하던데."

"니 그날 있었나? 전혀 존재감이 없어서 그 자리에 있었는지 기억도 안난다."

"뭐라 하노, 그쪽 뒷줄 에이스한테 눈빛 보내고 있었다. 나서면 죽는다고. 그냥 앉아 있으라고."

"요래 요래 쏙 쏙 주먹 흘리면 되잖아. 왜 그걸 다 맞고 얼굴이 떡이 돼 뿌노."

"니는 주먹도 안 맞은 놈이 얼굴은 왜 이래 못생깄노."

"뭐라 하노."

이렇게 우리들의 성장 느와르는 서여고 혈투를 마지막 장면으로 막을 내렸다. 나는 남은 100일 동안 친구들과 잠시 이별하고, 원일독서실을 떠나 학교 앞 금탑독서실로 자리를 옮겼다. 그곳에서 막판 스퍼트를 올리며 공부하고 있으면 매일 새벽 한 시, 아버지가 데리러 오셨고, 집에 돌아와서도 책을 보다가 두 시 부럽 짐들곤 했다. 나의 이탈은 친구들에게도 작은 불씨가 되어, 우리 모두는 각자의 자리에서 학창시절 마지막 장면을 써내려갔다. 그렇게 즐겁고 뜨거웠던 우리의 학창시절은, 조용히, 그러나 찬란하게 막을 내렸다.

친구들과 함께라면 매일이 축제 같았고, 세상에 두려울 것 하나 없던 그 시절. 우리가 쌓은 날들은 느와르처럼 거칠고 진했지만, 그 한가운데엔 늘 우정이라는 단단한 선이 흐르고 있었다.
지금도 문득문득 가슴 속 한 켠을 따뜻하게 하는 우리들의 이야기, 사무치도록 그립다.

1995 봄, 서울시 서대문구 신촌동

행복했다는 표현으로도 부족했던 부산생활 19년을 뒤로한 채, 난 1995년 연세대학교 경영학과에 입학하며 부푼 꿈을 안고 서울 유학생활을 시작했다. 서울역에 도착해서 처음 본 거대한 대우빌딩, 문화아파트보다 열 배 큰 건물들의 향연, 내 인생의 스케일이 이렇게 커져도 되나 싶을 만큼 가슴이 웅장해졌다.

지하철을 타고 신촌으로 가는 길, 처음 들어보는 '환승'이란 단어가 등장할 때부터, 나는 길을 잃어버린 아이처럼 두리번거리며, 가다 서다를 반복했다. 다행히 나처럼 어리둥절한 촌뜨기들도 여기저기 눈에 보였다. 대도시 생활이 생각보다 쉬운 건 아니구나. 그래도,

서울이여, 내가 왔다.

비록 낯선 도시였지만, 그 낯섦 속에서 나만의 이야기가 새롭게 시작된다는 기대감에 설렜다. 공간은 바뀌었어도, 이 새로움을 즐겁게 채워줄 새로운 친구들이 등장하겠지. 친구들아, 3전 3승의 뒷술 에이스인 내가 왔다.

나의 첫 서울 보금자리는 무악학사, 연세대학교 기숙사였다. 촌에서 서울로 유학 보내는 부모님들은 기숙사에 대해 한없이 로망을 품고 계셨다. 우선 경제적이었다. 당시 신촌 하숙비는 2인 1실 기준 월 30만 원, 독방은 45만 원 선이었는데, 기숙사는 한 학기 10만 원도 안 했던 걸로 기억한다. 내 새끼 타지 가서 굶을까 걱정하셨을 텐데, 아침·저녁으로 밥도 챙겨 주시니 얼마나 안심이 되었겠는가. 그리고 무엇보다 기숙사에 보내면 자식들이 《하버드 새벽 4시 반》처럼 밤새 공부하는데도, 《슬기로운 의사생활》처럼 훈남 훈녀들이 모여 사랑과 우정이 피어나는 건강한 대학생활을 할 것으로 믿으셨다. 그래서 전국 촌뜨기들이 모여든 기숙사의 경쟁률은 4대 1을 넘었다.

죽 맞는 친구들을 만나는데 인생 운을 다 써 버린 내게 4 대 1의 경쟁률은 공공임대주택 당첨만큼 있을 수 없는 확률이었다. 나 또한 돈은 모르겠고, 통금시간이 있는 기숙사보단 자유로운 하숙 생활을 원했다. 하지만 내 바람과는 달리 기숙사에 덜컥 합격을 해 버렸고, 어떤 이유인지 나의 첫 룸메이트는 그 경쟁률을 뚫고 합격해 놓고 No Show 짓을 하는 바람에, 난 운 좋게도 룸메이트 없이 한 달을 홀로 지냈다.

내 방은 5층이었고, 당연히 엘리베이터는 없었다. 그런데 방마다 무려 전화기가 비치되어 있었다. 물론 외부 전화 수신만 가능한 유선 전화기였지만, 학교가 이렇게까지 돈을 써도 되나 싶을 정도로 놀라웠다. 서울생활 어떻냐는 촌 사람들의 물음에, "놀라지 마라. 기숙사 방마다 전화기가 있다"는 대답으로 받은 감동을 자랑할 정도였다. 그러던 어느 날 기숙사 친구 한 놈이 헐레벌떡 내 방에 들어오면서 외쳤다.

"와! 서울대 기숙사에는 방에서 전화 걸 수도 있단다!"

수신만 되는 것도 놀라운데, 발신까지 된다고? 이건 차원이 다른 이야기였다. 이래서 사람들이 서울대~ 서울대~ 노래를 부르는구나.

항상 허리춤에 차고 다니던, 힙함 그 자체였던 하늘색 팬택 삐삐가 "부르르르~" 울리면, 공중전화 있는 1층까지 내려갈까 말까 엄청 고민했다. 삐삐 화면엔 음성메시지와 함께 숫자들이 뜨곤 했는데, 예컨대 8673(류지훈), 4046(정현철), 2231(박정효), 8080(임석원), 8247(송경한), 1885(홍영준), 0722(한경훈) 따위가 찍히면, 굳이 1층까지 내려가지 않았다.

그런데 '486486(사랑해 사랑해)'나 '1177155400(I MISS YOU)' 같은 숫자로 날 현혹시키는 친구들이 있었다. 어쩔 수 없이 1층까지 내려가서 공중전화기 앞에서 10여 분 줄 서서 음성메시지를 들으면, "여자인 줄 알았냐? 거울 본 적 없나? 1층까지 내려온다고 욕봤다. 다시 올라가라." 이딴 음성들만 가득했다. 친구들 수준이 내 수준이지 뭐.

당시 기숙사에는 밤 12시까지는 무조건 귀가해야 하는 조선시대식 룰이 있었다. 12시를 넘을 땐, 기숙사에 남아 있는 친구에게 부탁해서 외박계를 써야 했다. 학기 초엔 순진한 시골 청년답게, 술이 채 식기도 전에 매일 기숙사로 꼬박꼬박 들어갔지만, 학기 말로 갈수록 홍영준, 김승욱 같은 햇빛 알러지가 있나 싶을 정도로 밤에만 움직이는 야행성 친구들과 어울렸다. 그렇게 어느새 온 신촌이 나의 기숙사가 되어 있었다.

기숙사와의 동행은 아름다운 마침표를 찍지 못했다. '너덜너덜해진 외박계' 때문도 아니었다. 기숙사에는 조선시대 룰에 이어, 학점이

1995 봄, 서울시 서대문구 신촌동

2.5/4.0이 넘지 않으면 강제 퇴실 조치라는 석기시대 규정도 있었다. 이걸 아무도 내게 말해 주지 않았다는 점이 더 어이없었다. 물론 알고 있었더라도 상황은 바뀌지 않았겠지만.

1학기를 마치고 여름방학 때 부산 내려가 대학생의 필수 스펙인 당구를 맹연습해, 내 실력을 물 50에서 알 80 수준까지 끌어올리고 서울로 돌아왔다. 그런데 내 기숙사 방은 텅 비어 있었다. 이게 몰래카메라인가.

사무실에 찾아가 확인해 보니, 1학기 학점 미달로 퇴실 조치되었다는 어이없는 통보를 받았다. 진리와 자유를 가르치는 학교가 이래도 되나. 퇴실 대상자인데 연락이 닿지 않는다는 이유로, 뿔테 안경, 무릎 나온 추리닝에 깔깔이 조끼 차림의 '기숙사 자취 위원'들이 내 방에 압수 수색하듯 들어와, 내 짐을 박스에 다 넣어 지하 창고에 처박아 놨다. 하, 손씨 집안 성격 까먹었나 보네. 뒷발에 힘주고 팽! 팽! 한 번 할까?

그날 나는 수많은 '학점 쓰레기'들과 함께 박스들을 들고 쓸쓸히 기숙사를 걸어 나왔다. 기숙사 창문 너머, 학점 컷라인을 통과한 승리자들이 우리의 뒷모습을 히죽거리며 바라봤고, 포스가 철철 넘치는 기숙사 자취 위원 형들은 "제발 사람이 되어라"는 표정으로 우리의 마지막을 배웅해 주었다.

뭐 어쩌겠어. 그런데 지금도 억울한 건, 나는 1학년 1학기 중간고사까지 열심히 했고, 최종 학점도 2.48/4.0이었다는 점이다. B와 C를 반반 받은 거지. 새내기 첫 학기에 2.48이면 나름 괜찮은 성적인데, 0점대, 1점대 선동열 방어율급 학점 쓰레기들과 같은 취급을 받으며 퇴실 조치라니, 억울하고 분했다. 청송대 나무들을 향해 "난 2.48이야!"를 외치고 싶었던 내 마음이 전해졌는지, 지금도 청송대 숲을 타고 불어오는 바람소리에 "이쩜사팔~ 이쩜사팔~" 외침이 들려온다고 한다.

결국 용의 꼬리보다는 뱀의 대가리로 강제 퇴실당하며, 무악학사에서의 한 학기를 그렇게 마무리했다

서울시 광진구 구의동(임석원네 별채)

무악학사를 떠나기 전, 나와 대학친구 홍영준이 잠시 거처 간 곳이 있다. 과 동기 석원이네 구의동 세컨 하우스였다. 당시 석원이네는 두 채의 집이 있었다. 가족이 사는 아파트 외에, 근처에 조그만 집이 하나 더 있었는데, 그곳은 늘 비어 있었다. 침대, 식탁 등 기본적인 가구는 모두 들여져 있었지만 사람이 살지 않는 집이었기에, 우리에겐 타깃으로 이보다 더 좋은 공간이 없었다. 그래서 우리는, '기생충'이 되어 그 집에 몰래 들어가 살기로 계획을 세웠다.

나와 홍영준의 플랜은 솔직히 어처구니없었다. 영준이는 학교 앞에서 매달 30만 원씩 꼬박꼬박 하숙비를 내고 있었는데, 6월은 20일 정도만 다니고 기말고사 끝나면 고향인 대구로 내려갈 예정이라 한 달치 하숙비 내기가 아깝다는 것이었다. 집에서는 어차피 하숙비로 돈이 들어올 테니, 그 돈은 우리끼리 삥땅(?) 쳐서 놀자고 제안했다. …천잰데? 솔깃한 제안이었다.

나 역시 기숙사에서 한 달 늦게 들어온 동향 동갑내기 룸메이트와 어

색한 동거를 하고 있을 때였다. 내 룸메이트는 신입생답지 않게 7시면 방에 들어와 세 시간 공부하고, 10시면 바로 불 끄고 잠드는 불가사의한 친구였다. 너 재수하니? 우린 대학생이 되었다고.

이런 탓에 내가 밤 늦게 돌아오면, 십중팔구 이미 자고 있어서 난 불도 켜지 못하고 닌자처럼 살금살금 들어가 슬로모션으로 옷을 갈아입곤 했다. 이런 패턴이 반복되다 보니 가끔 현타가 왔다. '내가 왜 이래야 하지?', '같이 쉐어하는 룸인데 이렇게 불편해도 되는 건가?', '절이 싫으면 중이 떠나는 게 맞는데, 왜 떠나는 중이 내가 되어야 하지?' 억울했지만, 매일 닌자가 되어 주었다. 홍길동도 울고 갈, 내 방을 내 방이라 부르지 못하던 시기였다.

그러다 보니, 홍영준의 '뻥땅 제안'은 울고 싶은 놈의 뺨을 때려 준 격이었다. 둘이서 눈빛을 교환하고 씨익 한 번 웃고, 각자 방으로 돌아가 짐을 챙겼다. 영준이는 하숙집 아주머니한테 5월 말까지만 묵겠다는 어이없는 중도해지 선언을 하고 나왔고, 난 별로 친하지도 않은 기숙사 친구에게 틈틈이 외박계에 내 이름을 좀 써 달라는 부탁을 하고, 고맙다며 3,000원 정도 남은 공중전화카드를 하나 건넸다.

잠시 뒤 우리는 창천교회 앞에서 큰 트렁크 하나씩 들고 다시 만나, 구의동행 버스를 탔다. 사전 논의는 없었다. 석원에게는 연락하지 않고 무작정 그의 집 앞으로 가서, 삐삐에 음성을 남겨 놨다.

"석원아. 창우랑 영준이다. 우리 느그집 앞 배스킨라빈스 앞이다. 빨리 나온나. 크크크. 지금 나온나. 배고프다. 크크크. 기다릴게."

잠시 후, 슬리퍼를 질질 끌고 나타난 석원 앞에는 짐 꾸러미를 들고 키득키득 웃고 있는 대구 촌놈, 부산 촌놈 두 명—정말 덤 앤 더머가 서 있었다.

그날부터 석원이네 집에서 6월의 20여 일을 보냈다. 그렇게 모였으니 기말고사를 준비했을 리가 없지. 음악 볼륨은 맥스로, 단짠 나트륨 덩어리 안주에 소주를 기울였고, 슬램덩크 만화책을 쌓아 두고 읽었으며, 시시껄렁한 잡담으로 키득거리는 시간이 이어졌다. 가끔은 쥐덫을 설치해 쥐를 잡았고, 배고프면 석원이 집에 들어가 어머니가 차려 주시는 맛있는 집밥을 먹었다. 석원이는 우리 둘과는 3개월도 안 된 사이라, 지방에서 온 두 촌놈이 "목마른 사슴이 우물을 찾듯, 집 있는 거 알고 왔소, 같이 좀 삽시다" 식으로 자기 집에 몰래 들어왔으니, 서울 사람으로서 황당했을 수도 있다. 하지만 결국 우리를 받아 주고, 재워 주고, 먹여 주었다.

우린 유기견들처럼 방바닥에 널브러져, 밥 때만 기다렸다. 좋은 음악이 나오면 따라 불렀고, 특히 솔리드의 '이 밤의 끝을 잡고'가 나오면, 김조한, 이준으로 빙의하여 미친 듯이 합창했다. 당시 성당도 열심히 다니고 그나마 사람다운 생활을 하던 송경한은, 매일 우리 별장에 들러 놀다 간 후, 집에 돌아가서는 의외로 열심히 공부했는지, 우리 둘 합친 정도의 학점을 받았다.

어느 날, 고등학교 시절 모범생 추억을 나누다 필이 꽂혀서 "기말고사 공부도 좀 해야 되지 않겠냐"며 처음으로 사람다운 대화를 나눴다. 하지만 소주병이 나뒹구는 그 집에서는 도저히 공부할 분위기가 안 나시, 마침내 세상 밖으로 한 발을 내딛고 학교 도서관으로 향했다. 경영대생들에게는 공포 그 자체였던 수학 시험 전날이었다. 한 시간쯤 공부하고 나와선, 왜 대학까지 와서, 그것도 경영학과에서 미적분을 공부해야 하는지 이해가 되지 않았다며 푸념을 늘어놓았다. 그러고는 다시 눈빛만 교환한 뒤 씨익 웃고, 가방 싸 들고 도서관을 나왔다. 문과생들에게 dy/dx라니.

이럴 땐 클리셰처럼 바다가 등장한다. 촌놈 둘은 무작정 바다를 보러 나갔다. 지하철을 타고 인천으로 향했고, 인천역에서 택시를 타고 쿨하게 바다로 가자고 했더니, 기사님은 월미도로 안내해 주셨다. 우리는 월미도 방파제 위에서 새우깡과 소주를 마셨고, 취기를 좀 올라야 장면이 더 살 것 같아서, 평소보다 빠른 속도로 잔을 비웠다. 새벽 지하철 첫차를 타고 돌아가자며 낭만 있게 바다를 감상하려 했지만, 너무 잠이 쏟아져 비디오방으로 들어가 눈을 붙였다. 주성치 영화를 틀어 놓고 키득거리다 잠들었는데, 새벽에 눈을 뜨니 땀 범벅에 수염도 안 깎았고, 충혈된 눈과 추레한 몰골은 좀비들 세상에서도 더럽다고 꺼지라고 할 수준이었다.

그 처참한 모습으로 우리는 다시 학교로 돌아갔다. 아이러니하게도 우리의 추레한 모습은 밤새워 미적분 문제를 풀고 시험장에 급하게 뛰어든, 반대편 모범생 그룹과 크게 다르지 않았다.

그렇게 시험을 치렀고, 점수는 월미도 디스코 팡팡에서 떨어진 동전수보다 낮게 나왔지만, 중간고사에 제법 넉넉한 점수를 받아 놓은 덕분에 최종 학점은 B였다. 그렇게 석원이네 집 생활을 하며 몇 과목을 더 날려 버리고, 대학 첫 학기를 마무리하고 부산으로 돌아갔다. 1학기 대학 생활 내내 어떻게 어른이 되어야 하는지 알려 주는 사람은 없었고, 나 역시 배울 준비도 되어 있지 않았다.

  그래도 1995년 첫 학기, 낯선 서울살이와 서툰 대학생활은 하루하루 허술했지만, 그 허술함을 함께 견디고 웃어 준 새 친구들을 만났으니, 그걸로 충분했다.

1995 가을, 서울시 서대문구 창천동

석원이네 기생충 생활이 바닥일 줄 알았는데, 바닥 밑에 지하가 있다는 걸 알게 되었던, 대학 시절 중 가장 허술하고 눅눅하게 지냈던 1학년 2학기의 시작은 또다시 홍영준과의 신촌 회동에서 시작되었다. 둘 다 고향에서 비생산적으로 보낸 여름방학을 마치고, 8월 말에 날짜를 맞춰 상경했다. 이번 학기엔 외박계 걱정도, 눈치 보이는 룸메이트도 없이 마음 편히 놀자며, 둘이 아예 같이 살기로 하고, 신촌 일대 하숙집을 구하러 돌기 시작했다.

맛있는 밥집이 즐비한 서문 앞부터 둘러보다가, 우리가 너무 늦게 상경한 걸 깨달았다. 이미 괜찮은 하숙집들은 'Sold out' 상태였고, 그나마 남아 있는 방들은 곰팡이와 룸쉐어를 감수해야 하거나, 주인아저씨가 살인마처럼 생겼거나, 살인마조차 여긴 아니라며 차라리 감방이 낫겠다고 직접 조서 쓰고 자수할 만한 방들이었다.

큰일났다. 위급상황을 깨닫고 1순위였던 서문 앞은 포기하고 조금 먼 지역까지 발품을 팔기 시작했다. 2인실 방 하나가 오롯이 남아 있는 곳은 더 이상 없었고, 둘이 방은 달라도 같은 하숙집에만 사는 조건이라도 괜찮겠다며 선택의 폭을 넓혔다.

그러다 서문과 정문 중간, 어정쩡한 위치에 하숙집 하나를 발견했다. 상대 건물까지 경보선수의 걸음으로도 15분이나 걸리는 위치라 정말 자리 잡기 싫었지만, 이미 한 명씩 들어가 있는 2인실 방 두 자리가 남아 있었다. 하숙집 아저씨의 첫 인상은 강렬했다. 기름 바르고 반듯하게 넘긴 올빽 머리, 얇은 티셔츠를 뚫고 반짝이는 금목걸이, 살기 어린 미소, 문신이 없다면 오히려 어색할 만한 건장한 체구와 팔뚝 등등을 보고 살짝 경계를 하였으나, 너무나 여성스러운 목소리와 바디 랭귀지, 그리고 처음 본 자리에서 "영준 씨, 창우 씨"라며 친근하게 이름을 불러 주시던 사교성으로 우릴 현혹시킨 후, 여기 있던 하숙생들 몇 명이 사법고시 붙어서 나갔다는 등 깨알 같은 하숙집 자랑 등으로 쐐기를 박으시는 아저씨의 반전 매력에 점점 빠져들어, 결국 그 집으로 결정했다.

우린 방 하나씩 월세 30만 원에 계약을 하고, 내가 기숙사에 들러 남은 짐을 가지고 돌아오니, 영준이는 벌써 짐을 풀고 반듯한 자세로 책상에 앉아서, 감미로운 발라드 음악과 은은한 조명 아래에서 우아하게 '지뢰 찾기'를 하고 있었다.

우리의 룸메이트에 대해서는 아저씨께 묻지 않았다. 아무 정보 없이 셜록 홈즈와 존 왓슨이 되어, 각자의 룸메이트를 책상 위 흔적들만 보고 추리해 보기 시작했다. 내 룸메이트 책상 위에 꽂힌 책을 보니, 우리 과 선배인 것 같았고, 회계책과 학원 흔적이 없는 걸로 봐서 회계사 순비생은 아닌 듯했다. 깔끔하게 정리된 책상, 그 밑에 있던 아령, 가지런히

개어 놓은 이불로 미뤄볼 때, 현역 군필, 모범생, 지방 괜찮은 집안의 장남, 약간 근육질 체형 정도를 예측했는데 딱 맞았다.

　내 룸메이트, 현웅 형은 대구에서 바른 가정교육을 받고 자란 전형적인 모범 청년 같았다. 말끝마다 고운 어휘가 배어 있었고, 아무리 술에 취해도 육두문자는 입 밖에 꺼내지 않았다. 부드럽고 세련된 외모에다 보기와 달리 꾸준한 운동으로 다져진 탄탄한 몸까지 갖추고 있었다. 거의 만점 수준의 학점을 유지했으며, 새벽마다 도서관 자리를 먼저 잡으러 가고, 저녁엔 10시에 대구 집에 문안 전화를 드리고 잠드시는—우리 둘이 범접할 수 없는 바른생활 사나이였다.

　반면, 영준이 룸메이트 형은 심플 라이프를 추구하셨는지 짐이 거의 없었다. 학생이 맞나 싶을 정도로 책도 별로 없었고, 있는 책들도 무슨 내용인지 짐작이 안 되는 걸 보니 공대생이 확실했다. 전반적으로 심심할 정도로 꾸밈 없는 방이라, 우리가 상상할 여지를 거의 주지 않았다.

　하지만 며칠 후에 들어온 그 형은 반전의 연속이었다. 반경 5킬로 내의 모든 동식물을 통틀어 가장 착하고 순박하게 생기신 분이셨고, 외모와는 전혀 어울리지 않게 외국생활을 오래 해서 우리말보다는 영어가 편한 형이었고, 가장 충격적인 반전은 운동권이셨다. 그 형은 공대 학생회 간부였고, 훗날 확인했지만 모든 시위에 항상 선봉에 서서 각 잡힌 동작으로 사자후를 토해 내며 카리스마를 뽐내던 형이었다.

　그 형은 벌레처럼 살던 우리에게도 운동권으로서의 삶을 거부감 없이 설명해 주셨다. 덕분에 우리는 그의 팬이 되었고, 며칠 안 보이면 책상도 치워 드리고 안부 음성도 넣어 드렸다. 그 형의 잦은 출타로 영준이는 사실상 독방 생활을 누렸다.

난 10시면 잠자리에 드시는 현웅형이 이불을 펴시면, "형 먼저 주무세요" 한마디하고 영준이 방으로 갔고, 우린 미래가 창창하고 비전 있는 대학생들답게 한메타자교사 바이러스 공격으로부터 베네치아 왕국을 구하기 위해 키보드 자판들과 싸웠고, 지뢰 찾기와 카드놀이로 마우스 클릭과 드래그 분야의 전문가들이 되어 갔고, 슬슬 지겨워지면 당구 치러 나갔다. 운동권 형 덕분에 우리는 사실상 그토록 원했던 룸메이트 생활을 하게 되었고, 현웅 형은 깔끔한 독방 생활을 이어 가셨다.

우리의 학기가 본격적으로 구렁텅이로 빠져들기 시작한 건, 바로 얌전하던 김승욱 때문이었다. 포항의 금수저 출신으로 예쁘장했던 승욱이는, 3학년 누나와 함께 신촌 서문 앞의 원룸 오피스텔에서 살고 있었다. 하숙집이 아닌 자가 거주지에 살고 있던 몇 안 되는 친구였다. 누나와 같이 살다 보니 항상 깔끔했고, 패션 감각도 나쁘지 않았고, 머리도 가르마 탄 스타일로 정갈했으며, 누구라도 반할 만한 미소를 지녔고, 우리 중 유일하게 교양영어를 A 받을 만큼 공부도 잘해서, 같은 촌놈이지만 이 친구는 다른 레벨이라고 생각하게 만들었던 친구였다.

그런데, 누나가 교환학생으로 1년 떠나자 마치 감시 카메라가 꺼진 듯, 승욱이 몸속 깊숙이 봉인돼 있던 놈팽이 본능이 슬그머니 고개를 들기 시작했다.

일단, 나와 홍영준의 거처가 거의 그 집이 되어 버렸다. 제2의 '석원이 별장'이 생긴 셈이었다. 귀공자 같던 승욱이는 오히려 우리보다 너 고삐 풀린 삶을 살기 시작했다. 기생충이 증식하듯, 우리뿐만 아니라 임석원,

송경한, 정신영, 윤용세 같은 착실하던 친구들도 하나하우스로 하나씩 모여들기 시작했다. 방 두 개가 마치 아이돌 합숙소처럼 여러 명이 기거하는 공간이 되었고, 우리의 기생력은 이제 더욱 강해졌다.

그 집은 놀고 싶은 청춘들의 에어비앤비였다. 나랑 영준이는 승욱이가 없어도 마치 호스트라도 된 듯, 친구들을 맞아들였다. 술잔이 돌고, 당구 큐대가 부딪치고, 라면과 자장면 냄새가 뒤섞이는 밤의 연속. 시시껄렁한 잡담 속에서도 가끔은 꿈 이야기도 하고, 미래를 그리며 웃기도 했다. 매일이 MT 같았고, 학교보다는 오히려 하나하우스가 우리에게 교실이자 동아리방이었다. 그 집에서 술 마시다 벌어진 에피소드들은 차고 넘쳤다. 이를테면, 승욱이 잔에만 소주를 채우고 우린 몰래 물을 채워 놓았다가 몇 순배가 돌아간 뒤, 승욱이가 "임마들 술 진짜 세네"라며 그대로 뻗어버리는 모습을 보고, 우리끼리 조별과제 A 받은 듯 환호하며 하이파이브를 쳤다. 이런 황당하고 웃픈 순간들이 끝없이 이어졌지만, 그런 철없던 술자리마저 청춘의 한 페이지였다고 미화하며, 이쯤에서 컷.

그렇게 하숙집의 모범생 형과 운동권 형은 집에 잘 들어오지 않던 우리에게 서서히 적응해 갔고, 가끔 우리가 하숙집에 들어가서 잠을 자면 어색해하셨다.

이렇게 내 머릿속 단기 기억 저장소의 1995년 가을 디렉토리에는, 승욱이 집 외의 기억들은 거의 남아 있지 않다. 2보 전진을 위한 1보 후퇴도 아니고, 그냥 2보 후퇴만 했던 의미 없는 학기였던 것 같지만, 그래도 아무런 고민 없이 참 많이 웃었다.

1995 겨울, Berkeley University

1학년 겨울방학은 분에 넘치게 버클리 대학교에서 보냈다.

이 시기가 내 인생에 가져다준 강렬한 깨달음 하나는, 미국에 가 보기 전까지 내가 영어를 못한다는 사실을 전혀 인지하지 못했다는 것이다. 초등학교 6학년 겨울방학 때 처음 발음기호를 배우면서 '쓰(θ)'와 '드(ð)'도 구분했고, "애-애-애쁠(apple)" 하며 단어도 열심히 외웠고, 중고등학교 시절 영어 점수는 최상위권이었다. 수학능력시험 영어는 만점을 받았다. 그래서 난 내가 영어를 잘하는 줄 알았다.

난생처음 국제선을 타고 'Chicken or Fish?' 밥 고를 때 까지만 해도 나의 영어는 순조로웠다. 그런데 샌프란시스코에서 샌디에이고로 비행기를 갈아탈 때, 중1 때 외운 information 단어가 적혀 있는 곳까지는 잘 찾아서 갔으나, 갑자기 말문이 막혔다. 진짜 당황스러웠다. 영어를 6년간 배운 내가 왜 비행기 갈아타는 질문에 버벅대고 있는 걸까. 동사는 뭐 써야 되지? Change? 주어는? 전치사는? 아, 나 영어 한마디도 못 하는구나. Speaking 바보였구나. 그때부터 한없이 겸손해졌다.

당시 버클리 대학교에 친누나랑 다름없는 은영이 누나가 있었다. 누나는 여자 태권도 최초 세계선수권대회 2연속 우승으로 기네스북에도 이름이 등재되어 있는 레전드였고, 이른 은퇴 후 미국 유학을 왔다가 frank 형을 만나 결혼하고, 버클리 대학 태권도 감독이 되어 있었다.

누나의 초대 덕분에, Berkeley 대학 경제학과에 다니며 태권도 선수로 활동하던 동갑내기 John Eing이라는 친구 방에서 함께 지냈다. 그 친구 수업도 따라 듣고, 운동도 같이 했으며, 주말에는 태권도부 친구들과 함께 스퀘어 밸리 스키장에 놀러 다녔다. 올림픽도 개최됐던 그곳에서 스키보다 인상 깊었던 건, 술집에서 처음 마셨던 데낄라 장면이었다. 모두 잔을 들고 "데낄라!"를 외친 다음, 한 잔을 원샷하고, 손등에 뿌린 소금을 혀로 핥고, 슬라이스한 레몬까지 먹으며 마무리했다. 오호. 그 과정이 너무 신선하고 재미있어서, 나는 주량을 망각한 채 5~6잔을 연달아 마셨고, 내 생애 최고 수준의 영어 방언을 쏼라쏼라 내뱉다가 장렬히 전사했다.

그때 친해졌던 태권도부 친구들과는 마치 방학 때마다 버클리를 다시 올 것처럼 인사하며 헤어졌는데, 20년 후 페이스북에서 John Eing을 찾기 전까진 모두와 연락이 끊겨 있었다. 이메일조차 흔치 않던 시절이었으니, 국제 편지를 주고받을 정도의 부지런함이나 간절함이 없다면 이런 소중한 인연들은 쉽게 사라지기 마련이었다.

John Eing 덕분에 버클리 대학 수업도 몇 번 따라 들어갔었다. 그런데 "주빈! 27번! 거기 제일 위에 앉은 쥐 같은 쉑히!"처럼 학생들에게 무작위로 질문을 던지는 교수님의 cold calling 공격에 걸릴까 봐 도통 긴

장만 했던 기억뿐이다. "I don't have English"라고 답할 순 없었으니까.

Berkeley에서의 즐거웠던 한 달의 경험을 통해 우리가 사는 세상은 기숙사, 하숙집, 하나하우스 투룸보다 훨씬 넓고 다채로우니, 더 이상 지난 1년처럼 살면 안되겠다는 것을 절실히 느끼게 되었다. 그리고 나는 그렇게 다시 한국으로 돌아왔다.

Berkeley에서 돌아와 2학년을 시작하기 전, 부산 내 방에서 고등학교 친구 성준호, 홍성진과 술을 마셨다. 아버지께서 생애 첫 이글샷을 하셨다며 기분 좋게 술 한잔하고 들어오신 날이었다. 우리는 막 발매된 이승환 4집 앨범 'Human'의 CD를 사 와, '천일동안'을 반복해서 들으며 지난 1년 각자의 서울 생활에 대해 진솔한 이야기를 나눴다.

촌놈 셋은 다 비슷하게 서울에서 살아가고 있었다. 하숙집 얘기로 술기운이 돌던 중, 얼큰해진 기운에 "우리 셋이 군대 가기 전 1년만 함께 살아 보자"는 얘기가 나왔고, 의기투합했다. 준호는 서강대, 성진이는 한양대에 다니고 있어, 중간 지점 어딘가에서 방을 구하자고 했지만, 착한 성진이가 "내가 지하철 2호선 타고 다니면 된다"며 신촌에 살자고 양보했다. 개강이 제일 빨랐던 준호가 먼저 서울로 올라가, 신촌 어딘가에서 세 명의 보금자리를 알아보기로 했다. 준호가 감각이 있어 믿을 만하지. 잘 해 보자, 96년아.

1996, 서울시 마포구 신수동

　세 명이 지낼 수 있는 큰 방은 수요도 공급도 거의 없어서 걱정했지만, 다행히 준호가 방을 잡았다는 기쁜 소식이 왔다. 그런데 서강대가 조금 더 가까운 위치의 반지하라고 했다. 에이, 그 정도야 뭐. 3인 방을 잡은 게 어디야. 반지하면 어때.

　며칠 뒤, 2학년답게 4시간 반 걸리는 새마을호를 타고 63빌딩이 보이는 풍경에도 신기해하지 않고 쿨하게 서울에 올라왔다. 신촌역에 도착해 준호를 만났다. 자, 하숙집 가 봅시다. 서강대 쪽으로 올라가기 시작했다. 서강대 쪽이라 했으니. 그런데, 계속 올라간다. 너무 많이 올라간다. 어라, 서강대가 얼마 안 남았다. 어라, 여긴 서강대잖아. 후, 충격적으로 우리의 하숙집은 서강대 정문 바로 앞이었다.

　준호는 씩 웃으며 "세 명 방 진짜 없더라. 함 봐도"라고 했다. 준호는 강의실까지 걸어서 3분, 난 경영대까지 천천히 걸으면 30분, 빠른 걸음으로도 20분은 걸렸다. 원래 마지막 1분까지 이불 위에서 뒹굴어야 직성이 풀리는 버릇이 있었기에, 매일 서강대 정문에서 경영대 캠퍼스까지 뛰다 걷다를 반복하며 땀 범벅으로 등교해야 했다. 그래, 한 명 몰아주자.

하숙집에서의 첫날. 우리는 대충 옷가방만 정리하고 나서, 일 년 동안 셋이 함께 입을 옷을 사러 동대문 시장으로 향했다. 대학 시절은 계절이 바뀔 때마다 어김없이 동대문에 갔다. 쇼핑은 썩 좋아하지 않아도, 세 남자의 한밤 동대문 쇼핑엔 늘 웃음과 득템으로 가득했다.

쇼핑이 막 끝나갈 무렵, 옷가게 사이 허름한 잡동사니 가게가 눈에 들어왔다. 이것저것 뒤지다 보니, 구석에서 맥 라이언이 우리를 보고 웃고 있었다. 가로 1m, 세로 1.5m 크기의 거대한 맥 라이언 포스터 플래그였다. 우리 셋은 눈이 마주쳤다. '남자 셋이 사는 집엔 여자 한 명은 있어야지' 하는 생각이 들었고, 반지하 방과 1층 바깥세상을 연결하는 작은 창문도 어떻게 막아야 하나 고민하던 터였다. 그런데 이 포스터가 창문도 막아주고, 칙칙한 남자 셋 공간에 은근한 생기도 불어넣어 줄 것 같았다. 그래서 대형 비닐봉투에 옷들과 함께 포스터까지 집어넣고 만족스럽게 집으로 돌아왔다.

하숙집에 돌아와 포스터를 거는 순간, 창문을 정확히 막아 줬다. 대만족이었다. 남자 셋은 불을 끄고 기분 좋게 누웠다. 우리의 첫날 밤이었다. 방 안이 컴컴한데, 바깥 불빛들이 창문을 타고 들어와 포스터를 은은하게 비춰 주니, 맥 라이언의 얼굴이 매직아이처럼 순간 입체적으로 튀어나오는 듯했다. 오묘한 기운이 방을 감쌌다. 그때 준호가 조용히 말했다.

"아까 저 포스터 산 가게, 좀 이상하지 않더나?"

그 한마디에 등골이 오싹해졌다. 사실 정말 그랬다. 옷 가게 사이에 덩그러니 있었던 잡동사니 가게, 무표정하시던 가게 할머니, 가격표도 없이 서둘러 건네주시던 모습까지—이상하게 하나하나가 머릿속에 박혔다. 훗날 곡성의 황정민이 이날의 상황을 이야기해 주는 듯했다. "자네는 포스터 팔 때 누가 살지 알고 파는가? 그분은 포스터를 미끼로 걸었던 것이여. 자네들은 그 포스터를 확 물어 뿐 거고. 동대문 그 할머니? 그분, 사람 아니여." 남자 셋은 진짜 소름이 돋았다.

우린 웃음 반, 리얼 공포 반으로 맥 라이언과의 첫날 밤을 보냈다. 아침이 되면 떼어 버리자고도 했지만 아침이면 다시 차분한 맥 라이언으로 돌아와 있어, 결국 맥양은 1년 동안 우리의 룸메이트가 되었다. 다만 하얀 맥 라이언의 옷은 반지하 방의 담배 연기에 서서히 아이보리색으로 변했고, 맥라이언의 피부도 늙어 갔다.

당시를 떠올리면, 컵라면이 생각난다.

우린 가난했다. 서울 유학생 대부분이 빠듯한 생활을 했겠지만, 그나마 나는 4학년 때까지 과외를 한 번도 끊지 않을 만큼 용돈은 꾸준히 벌었다. 월 30~40만 원은 과외로 벌었으니, 신촌 하숙촌 골목에서는 나름 큰손이었다. 비싼 함박스테이크도 먹고, 오이소주나 요구르트 소주도 한 잔씩 하며 세미 오렌지족 생활도 가능했다. 하지만 준호와 성진이는 무슨 배짱인지 과외도 하지 않고, 돈 없으면 안 쓰면 된다는 주의였다. 결과적으로 나의 과외비는 자연스럽게 우리 셋의 공금처럼 사용되었다. 내가 과외비를 받은 날은 세 명이 고기를 사 먹는 날이었고, 돌아오는 길에 캔 맥주를 사 와서 맥 라이언과 네 명이서 밤새 이야기를 나눴다. 셋 다 주량이 또라이 수준이었기에 준호는 반 캔, 난 2/3 캔, 성진이는 한 캔을 털어 넣는 순간부터 얼굴이 불타오르고 자세가 흐트러져, 우린 겨우 세 캔이면 만취자들의 진솔한 대화가 가능했다.

하지만 과외비가 떨어지는 순간부터는 정말 거지처럼 살았다. 어느 날 하숙집에서 셋 다 너무 배가 고팠는데 돈이 없었다. 우린 방을 여기저기 뒤지기 시작했다. 옷 주머니들을 다 뒤지고 책상과 가구 밑을 훑었다. 그렇게 우린 기적적으로 목표액 300원을 모았다. 마지막 동전을 발견했을 때 우리는 "오예~!" "지기네~!" 하며 괴성을 질렀다.

우린 슈퍼마켓에 가서 농심 육개장 사발면 컵라면 하나를 샀다. 딱 300원이었다. 그리고 자취방 부엌으로 몰래 들어가 밥 한 공기와 계란 하나를 챙겨 왔다. 어차피 우리가 먹을 거 미리 좀 먹겠습니다. 우리는 마지막 국물 한 방울까지 순서를 정해 가며 나눠 마셨고, 지금까지도 그 300원짜리 육개장 사발면은 내 인생에서 가장 맛있게 먹었던 라면으로 남아 있다.

세 명이 함께 살면서 결정해야 할 일들이 정말 많았다. 이불은 두 명밖에 덮을 수 없어서 한 명은 옷을 덮고 자야 했고, 셋의 체형이 비슷해서 옷도 공용으로 입다 보니 누가 무슨 옷을 입을지도 매번 정해야 했다. 생필품이 떨어지면 누군가 슈퍼마켓이나 그랜드마트에 가야 했고, 모뎀으로 통신에 접속하던 시절이라 누가 먼저 컴퓨터를 쓸 것인지도 늘 의사결정해야 했디. 대학생들이 구시대적으로 가위바위보를 할 순 없으니, 우리는 선택의 순간마다 과학과 통계학을 뛰어넘는 절대적 판정기, 화투를 꺼냈다.

3점 먼저 내기 고스톱이었다. 10점, 20점, 광박, 피박, 쓰리고 따위는 필요 없었다. 그저 3점 먼저 내면 승자가 되어, 따뜻한 이불과 A급 옷을 누릴 수 있었다. 고스톱이라는 '인류 역사상 가장 위대한 의사결정 도구'는 이런 상황에선 완벽했다. 패가 나쁘면 그날은 옷만 덮고 자고, 다음 날 후줄근한 옷을 입고 등교하면 그뿐이었다. 이런 날을 순순히 받아들이면, 또 어떤 날은 광 세 개를 꼭 쥐고 시작하는 기적도 일어났다. 그렇게 한 해 동안 고스톱을 천 판 정도 치며, 세상사에 일희일비할 필요 없다는 진리를 배웠다.

음악

나의 음악 취향은 늘 무난했다. 듣기 편하고 대중적인 음악을 똑같이 좋아했다. 이문세, 전람회, 여행스케치, 쿨, 이승철, 이승환, 서태지와 아이들, 듀스, 터보뿐 아니라 WHAM, London Boys, Michael Jackson, Bobby Brown까지, 모두 나의 긴 등하굣길을 함께한 히어로들이었다.

반면 준호와 성진이의 취향은 훨씬 헤비하고 마이너였다. 그 둘은 늘 얼터너티브 록과 메탈 음악에 흠뻑 빠져 있었다. Nirvana, Smashing Pumpkins, Rage Against The Machine, Pearl Jam, Radiohead, Red Hot Chili Peppers—이들의 음악이 반지하 하숙방을 꽉 채웠다. 이렇게 들으면 정신병 걸리지 않나? 버터가 녹아 있는 나의 귀엔 그저 소음으로밖에 들리지 않았다.

하지만 어느 날인가, 그들이 열심히 락을 전도하던 내가 서정적인 멜로디로 시작하는 Guns N'Roses의 November Rain에는 살짝 반응을 하자, 이건 무조건 뮤직비디오를 봐야 한다며 홍대 음악감상실로 날 끌고 갔다. 오, 멋지네. 특히 중간에 나오는 기타 솔로는 넋을 놓게 만들었다. 시끄러운 녀석들, 좀 치네. 이어서 나온 311의 down이란 곡에 난 어느새 헤드뱅잉을 하고 있었다. 그날 내 귀의 버터들이 후두두 떨어지는 경험을 했다.

그 이후, 반지하의 음악은 단순한 '소음'이 아니게 됐다. 음악이 내게 주던 감정의 스펙트럼이 확장되었고, 한층 깊어졌다.

친구들

심심한 반지하 남자 셋은, 근처 하숙집에 있던 고향 친구들—영미, 희경이, 윤경이—와 본격적으로 친해졌다. 이후 경훈이, 재성이, 선희까지 합류하며 우리는 'PD'라는 모임을 만들어 자주 뭉쳤다.

신촌의 허름한 술집이나 학교 잔디밭에 둘러앉아 아침 첫차가 지나갈 때까지 사투리를 팍팍 섞어 가며 술을 마시고 낄낄댔다. 택시라는 선택지는 애초에 존재하지 않던 시절이라, 막차를 놓치면 방법은 단 하나, 새벽까지 힘게 버티며 다음 날 첫차를 기다리는 수밖에 없었다. 그리고 반지하 거지 셋이 "배고파"라는 삐삐 메시지를 보내면, 영미는 하숙집에서 먹다 남은 김치전을 직접 들고 오기도 했다. 그 시절, 대부분의 사람들은 한 달에 만 원씩 내고 하이텔, 천리안, 나우누리, 유니텔 같은 PC 통신을 즐기던 때였는데 우린 www.pdinvest.com이란 도메인을 사서, html 언어와 포토샵으로 홈페이지를 만들었으니, 그곳이 우리의 온라인 놀이터였다. 주식, 경제, 상식 등의 게시판도 있었지만, 우린 주로 자유게시판에 시시껄렁하고 유치뽕짝한 글들을 올렸고, 그 글들을 모아서 잡지를 만들기도 했다. 돌이켜 보면, 우리야 말로 시대를 앞서간 작은 Open AI 팀이었네.

대학 시절 그렇게 서로 가까이 지내다가, 각자 취직하고, 시집가고, 장가가고, 지방으로 내려가고, 외국을 떠돌며 조금씩 멀어졌다. 그런데 어느 날 〈응답하라 1994〉 첫 회를 보며 "와, 이거 우리 이야기잖아!"라며 카톡 단톡방에서 다시 뭉치게 되었다. 지금은 탈퇴도 못하는 개미지옥 방이 되어, 누군가가 나가면 "건방지게 어딜 나가노?"라며 다시 불려온다. 시간이 많이 흐르고, 우리 모두 서울, 부산, 각자의 자리에서 흩어져 살지만, 다행히 모두 90년대의 촌스러운 감성을 고스란히 간직한 채 여전히 함께 낄낄대며 나이를 먹고 있다.

학교생활

대학 첫해, 지못미 쩔던 그 생활 덕분에 2학년 때부터는 조금 달라졌다. 의미 없이 수업을 빠지지도 않았고, 숙제도 전부는 아니어도 대부분 했으며, 시험 기간엔 제대로 공부도 했다. 서강대 시험이 우리 학교보다 일주일 빨랐는데, 그 덕분에 서강대 도서관, 일명 '수족관'에 자리를 잡고 공부할 수 있었다. 그 결과 외계인들이나 받는 줄 알았던 3점대 학점도 받았다. 드디어 기생충이 사람이 되었다.

그렇게 우리의 1996년은 흘러갔다. 내가 모르는 세상은 IMF를 향해 달려가고 있었고, 훗날 부모님 세대가 대량 실직의 소용돌이에 휘말릴 날이 성큼 다가오고 있었지만, 교정 위를 걷는 우리 발걸음은 아직 가벼웠다. 낮에는 강의실과 도서관에서, 밤에는 신촌 뒷골목과 하숙집에서 웃고 떠들며 청춘을 껴안았다. 허투루 보낸 시간 같으면서도 돌이켜 보면 낭만으로 남아 있는 시간들을 쌓아 갔다. 그러다 우리는 하나둘씩 군대를 향해 떠나기 시작했고 동행의 계절이 천천히 저물어 갔다. 결국, 그렇게 2년의 서울 생활은 막을 내렸다.

복학 전, 부산

1998년 겨울은, 부산에서 온전히 머문 마지막 겨울이었다. 서울에서는 분명 사투리 쓰는 촌스러운 외지인이었는데, 부산 홈그라운드에 돌아와 한마디 털어 보려 했더니… 서울 생활의 여파로 부산 특유의 거친 톤과 정확한 사투리 단어들이 싹 사라져 있었다. 그러자 친구들이 "니 지금 서울말 쓰고 있나? 칵 지기 뿔라!" 하며 '매국노' 취급을 하는 것이 아닌가. 난 누군가, 또 여긴 어딘가, 동물과 새 모두에게 버림받았던 박쥐가 이런 심정이었겠구나.

예비역 복학을 위해 서울로 떠나기 전, 시간을 어떻게 쓸까 고민하다가, 어린 시절 서울에서 전학 온 후 부산에 정착해 이도 저도 아닌 내 말투와 가장 비슷했던 한경훈과 손잡았다. 우리는 마치 세상을 뒤흔들 기세로, 부산 하단동 가락타운 앞에서 붕어빵 장사를 시작하기로 했다. 예전에 장사를 한 번 했던 곰과 공룡이란 별명의 친구들에게 리어카와 기계를 헐값에 넘겨받아, 몇 차례 시범 굽기 수련 과정을 거친 뒤, 우리는 마침내 장사를 시작했다. 밀가루 반죽과 팥은 업자 아저씨가 마치 새벽 배송처럼 밤새 리어카 밑에 조용히 놓고 가셨다.

매일 아침 리어카로 출근해서, 반죽과 팥 상태를 점검하고, 천막을 단단히 설치했다. 나뭇가지와 벌레 시체들을 털어 낸 후, 붕어틀을 달궜다. 천막을 가득 채우는 돌비 사운드 볼륨으로 음악을 틀어 놓는 순간, 비로소 장사가 시작되었다. 음악은 늘 경훈이 몫이었는데, 어느 날 눈을 반짝이며 신인 여자 가수의 테이프 하나를 꺼내더니 "노래 죽인다, 들어 봐"라며 재생 버튼을 눌렀다. 곧 낡은 카세트 스피커에서 흘러나온 선율이 천막 안을 가득 채우는 순간, 붕어빵과 리어카, 천막과 노래, 그리고 우리는 어느새 한 몸처럼 어우러져 있었다. 그 노래는 당시 막 데뷔한 박정현의 1집이었다.

부단한 연습 끝에 기술이 손에 익은 이후, 우린 응용 메뉴들까지 만들기 시작했다. 붕어빵 안에 이것저것 많이 넣어서 시도해 봤는데, 결국 상업화에 성공한 것은 카레 붕어빵 하나였다. 집에서 카레를 만들어 와서 붕어빵 안에 팥 대신 카레를 넣고 두근거리며 시식을 했더니, 마치 램프의 요정이 인도의 최고급 카레집을 낙동강변에 옮겨다 놓은 듯, 환상적인 맛이었다. 한입 베어 물면 '나마스테'가 절로 나왔다.

장사가 차츰 잘되기 시작했다. 사실 붕어빵 장사를 처음 시작할 때, 수익금은 전부 불우이웃을 위해 기부하기로 했었다. 카레 붕어빵이 입소문 퍼지기 시작하고, 생산에도 노하우가 붙어 수율이 급속도로 높아지며, 우리의 하루하루 수익금이 늘어났다. 경훈이와 내가 메인 MC였다고 하면, 매일매일 게스트들이 낙동강 강바람 추위를 피해 우리 천막으로 놀러 왔다. 놀러 온 친구들에게 붕어빵만 먹일 수 있나. 우린 피자도 시켜 먹었고, 음악을 들으며 맥주도 깠고, 밤에 장사가 끝나면 근처 주점으로 가서 막걸리도 마셨다. 그렇게 한 달을 열심히 했는데 갖가지 품위유지 및 엔터테인먼트 비용을 모두 제하고 남은 돈은 20만 원 정도였다.

그러던 중 운명 같은 포스터를 발견했다. 우리가 겨우내 듣고 따라 불렀지만, 아직 인지도가 전혀 없던 박정현이 동아대학교 석관홀이라는 조그만 공간에서 콘서트를 한다는 것이었다. 한 번밖에 안 가 본 석관홀 이름이 지금까지도 또렷이 떠오르는 걸 보면, 그날의 충격이 얼마나 깊었는지 알 수 있다.

우리 수중의 20만 원, 애초엔 불우이웃을 돕겠다고 모아 둔 돈이었지만, 그 순간만큼은 망설임 없이 질러 버렸다. 나와 경훈, 그리고 천막에 자주 오던 친구 세 명이 함께 콘서트장을 찾았다. 아직 우리말이 서툴러 노래가 끝날 때마다 무슨 말을 해야 할지 망설이며 애를 먹던, 1998년의 박정현을 만날 수 있었다. 한국 사람이 한국말 못 해서 거듭 죄송하다는 말을 했다. 그리고 조금 빠른 비트의 '2gether…'을 부를 때 구두가 불편

했던지 구두를 벗고 무대를 맨발로 방방 뛰어다니던 모습이 생생하다.

그 콘서트를 마지막으로 나의 부산에서의 겨울도 막을 내렸다. 이제는 사투리도 접고, 서울말로 갈아탄다. 이번에 올라가면 오래도록 돌아오지 않을 것 같다. 부산, 안녕.

2000, 서울시 성북구 장위동

세기의 숫자가 1에서 2로 바뀌던 그 해, 나도 철없던 저학년을 지나 예비역 3학년으로 복학했고, 큰 변화의 물결에 맞춰 거주지도 장위동 이모 집으로 옮겼다.

신촌만 살다 서울 북동쪽 끝, 성북구 장위동으로 이사 간 건 정말 큰 결심이었다. 학교까지 버스로 한 시간 넘게 걸려 생활 리듬이 완전히 달라질 수밖에 없었다. 특히 아침잠 많은 나에게 치명적이었지만, 결국 이모 집에서 살기로 선택한 이유는 몇 가지 있었다.

돌이켜 보면, 지난 서울 2년 동안, 나는 내 집이라 부를 만한 공간이 없었다. 집은 그저 짐을 잠시 보관하는 곳일 뿐이었고, 늘 친구들과 함께 지내다 보니 혼자만의 시간이 전혀 없었다. 서울 친구들은 주중에 허튼 짓 같이 해도, 주말이면 집에 가서 집밥 먹고 푹 쉬고 월요일에는 옥시크린 향 나는 뽀송뽀송한 옷 입고 멀끔한 얼굴로 돌아오는데, 자취생이던 우리는 주말이면 인스턴트 식품에 찌들어, 월요일이면 더 초췌한 상태가 되곤 했다. 매주 최악을 갱신하는 신기한 사이클이었다. 그래서 주말마다 '죽은 자들의 도시'가 되는 신촌이 점점 지겨워졌다.

그리고 빨래 문제도 있었다. 자취생들끼리 주말마다 하나의 세탁기로 순서 돌아가며 빨래를 몰아서 했는데, 주말에 비라도 내리면 반지하방에선 제대로 건조가 되지 않아 다음 일주일은 계속 퀴퀴한 냄새 나는 옷을 입어야 했다. 데오드란트를 안 써도 땀 냄새 하나 없는 게 한국인의 몇 안 되는 경쟁력 중 하나인데, 빨래한 옷에서 쉰내가 나기 시작하면 대책이 없다. 그냥 대면 기피를 하다가 운 좋게 나보다 더 쉰내가 나는 촌놈 하나 만나면 산책로 개들처럼 서로 옷 킁킁 냄새 맡아 주며 부담 없이 놀거나, 아니면 날씨 좋은 날 다시 빨래해서 제대로 건조하는 수밖에 없었다.

쉰내를 없애도 문제는 더 있었다. 자취방 공용 세탁기들은 대부분 오래된 통돌이 세탁기라 한 번 돌리면 옷들이 엄청나게 구겨졌고, 줄다리기를 해도 될 만큼 모든 옷들이 꼬리에 꼬리를 물고 꼬인 채로 나왔다. 아무리 다려 입어도 옷 구석구석 사각지대에 박힌 구겨짐은 절대 잡을 수 없었다. 그런 패션으로 강남 딥하우스 가면 무조건 뺀찌였다. 그래서 열악한 세탁기들 때문에 좋은 옷을 살 필요가 없었고, 동대문에서 산 옷들은 한 철 빡세게 입으면 수명이 끝났다. 더 이상 후줄근한 동대문 옷 말고 나도 뽀송뽀송한 폴로 셔츠 한 번 제대로 입고 다니고 싶었다. 사실, 누군가 평일에 내 빨래를 괜찮은 세탁기로 대신해 주고, 옷을 다려서 옷장에 넣어 주는 게 얼마나 고마운 일이었는지 그땐 미처 몰랐다. 무엇보다도 '가족'이라 부를 수 있는 사람들과 함께하는 삶이 그리웠다. 이모는 내가 갓난아기였을 때부터 등에 업고 재워 주고, 손잡고 동네를

걸어 주던 분이었다. 내게는 어머니와 다름없는 존재였다

 마지막으로 이모집이 좋았던 결정적인 이유는 집의 구조였다. 2층 집이었는데, 이모네는 1층에서 살고 2층엔 사촌동생과 나만 기거했는데 무엇보다도 2층 내 방으로 바로 이어지는 외부 계단이 있었는데, 이게 진짜 신의 한 수였다. 들어오고 나갈 때 1층 이모집을 거치지 않아도 돼서, 진짜로 나 혼자만의 집처럼 생활할 수 있었다. 실제로 한 집에 살았지만, 이모 얼굴은 일주일에 한두 번 보는 게 전부였고, 빨래며 청소며 간식이며 주말 식사까지 이모네랑 살며 누릴 수 있는 호사도 다 누리면서, 나만의 공간에서 독립된 생활을 할 수 있었다. 이 정도면 등하교 한 시간 정도는 책 보거나 음악 들으며 충분히 커버할 수 있었다.

 그렇게 나의 서울생활 시즌2, 성북구 생활이 시작되었다.

 이모 집은 항상 깨끗했다. 이 깨끗함이 낯설었다. 내가 집에 들어가건 안 들어가건, 이모는 하루에 한 번은 내 방을 청소해 주셨고, 호텔처럼 이불 각을 잡아 주셨다. 그리고 내 방에 갖다 놓은 조그만 냉장고엔 항상 시원한 음료수, 과일, 간식들이 채워져 있었다.

 이모 집에서 먹은 첫번째 주말 식사 메뉴가 연어회였다. 이모가 "맛있냐?"고 해서 기계처럼 "맛있다"고 대답했더니, 그 뒤로 이모는 내가 연어회를 좋아하더라며 한 달에 두어 번은 연어회를 사 주셨다. 만약 그 첫날 메뉴가 내가 별로 좋아하지 않는 삼계탕이나 국 종류였어도, 난 "맛있다"고 대답했을 테고, 그러면 줄기차게 그 음식만 해 주셨겠지. 이모는 라면을 먹더라도 "건강을 생각해야 된다"며 라면에 우유랑 치즈를 넣어 주셨다. 맛있다고 하면 계속 그것만 해 주시는 패턴을 파악하고 나

서, "라면에 우유 치즈는 별로예요."라고 내 인생에서 가장 똑 부러지게 대답했다. 그 뒤로는 라면엔 파만 들어갔다. 지금 생각해 보면, 내가 뭐라고 이모는 날 영국 윌리엄 왕자처럼 정성껏 보살펴 주셨다.

이모 집 골목은 응답하라 1988의 쌍문동 골목이랑 분위기가 흡사했다. 사람 냄새 나는 슈퍼마켓, 철물점, 문방구, 새마을금고 등이 근처에 있었고, 골목 중간엔 비디오 가게가 하나 있었다. 밤늦게 돌아올 때도 비디오 가게는 언제나 문이 열려 있었고, 백발 비디오 집 아저씨가 홀로 가게를 지키고 계셨다. 일주일에 한두 번은 꼭 들렀다. 백발 아저씨도 명작 비디오 밑에 은근슬쩍 에로 비디오 하나 끼워서 빌려 갈 것처럼 보이는 혈기 왕성한 청년이, 정상적인 비디오만 빌려 가니 신기하셨던 모양이다.

아저씨는 내가 비디오를 고르면, 그 작품이 어떤 감독의 어떤 영화이고 주연 배우가 누구인지 차분하고 명료하게 설명해 주셨다. 날 위해 공부하시는 것처럼 설명의 깊이가 갈수록 깊어졌고, 장위동의 이동진 같은 기분이었다. 나는 그분이 뭘 하시던 분인지 늘 궁금했지만 여쭤 보지는 않았다. 혼자 정리한 결론은, '전도유망했던 영화감독이었다가 작품 하나 실패하고 빚더미에 올라, 무림을 떠나 조용한 골목에 비디오 가게를 차려 놓고 경쟁 감독들의 작품을 보며 재기를 꿈꾸는 분이었다'는 정도였다. 그래서 친구들이 놀러 오면 슈퍼에서 맥주 사고 동네 입구에서 만나, "우리 동네 자랑거리야" 하며 비디오 가게를 꼭 데려갔다.

장위동의 메인 테마는 겨울이다. 그해 장위동의 겨울은 진짜 이래도 되나 싶을 만큼 추웠다. 내 방은 사실상 이글루였고, 펭귄도 내 방에서는 춥다고 이불 좀 달라고 할 듯했다. 학교 가면서 내 방 화장실 수도꼭지에 물이 찔끔찔끔 나오게 틀어 놓고 나오지 않으면, 바로 수도관이 얼어 버렸다. 젠장, 이 수도꼭지는 한 번 얼면 답이 없었다, 뜨거운 물을 붓든 뭐든 전혀 풀리질 않았다. 마치 겨울왕국의 엘사가 스치고 간 자리 같았다. 온도가 영상으로 올라가야 간신히 물이 나왔다. 그 겨울은 너무 길었고, 난 점점 꼬질꼬질해졌다.

그래도 눈 내리는 날의 골목 풍경은 낭만 그 자체였다. 인적 드문 골목, 가로등 불빛 사이로 폴~ 폴~ 흩날리며 내리는 눈을 보노라면, 마치 라이너 마리아 릴케가 이런 골목을 거닐며 시를 썼을 것만 같았다. 멍하니 창밖을 바라보다가 충동적으로 첫발을 새기고 싶어 코트를 입고 동네 한 바퀴 돌곤 했다. 돌아오는 길에는 한 손엔 콜라, 한 손엔 빌린 비디오가 들려 있었다. 맥주와 책 조합이었으면 좀 더 폼이 났을 텐데, 내 허세 컨셉은 늘 콜라 한 병에 무너졌다.

장위동에서 사촌 동생을 포함한 여고생 세 명을 한꺼번에 과외하던 시절이 있었다. 늘 남자들과 농담하고 장난치며 어울리던 내 성격 탓에, 여고생 세 명 앞에서 수업을 한다는 건 내게 정말 큰 고난의 시간이었었다. 게다가 대학생 오빠 하나쯤은 프라이팬 위의 계란처럼 쉽게 요리할 수 있을 여고생 세 명이라니, 나에겐 도전의 시간들이었다. 과외는 웃기거나 무섭거나, 둘 중 하나로 컨셉이 잡혀야 잘 굴러가는데, 웃기게 가자니 농담하다 상처 줄까 걱정됐고, 엄하게 가자니 처음 써 보는 캐릭터라 영점 조절이 안 됐다. 이 친구들에게 문제 풀라고 시키고 잠시 놀아앉아 있으면 지들끼리 킥킥대면서 소곤소곤 잡담들을 하기 시작하는데, 나의 내공과 멘탈로는 통제가 쉽지 않았다. 너무 과하면 끊어 줘야 하는데 난 가뜩이나 심심하게 생겼는데 무서운 표정을 짓기 힘든 얼굴 소근육을 가지고 있다. 기껏해야 "어쭈~ 오늘 10분 더 해 버린다~" 정도였다. 그래도 발랄하면서도 착했던 여고생들은 10분 더 하는 건 정말 싫어했기 때문에 효과는 있었다.

이렇게 장위동에 정착해 가는 동안, 신촌의 홍영준, 신수동의 성준호, 왕십리의 홍성진, 이문동의 박정효, 강남의 류지훈, 건대 앞의 방진철 등이 서울 구석구석에 터를 잡기 시작하면서 나의 아지트들이 하나씩 늘어 갔다. 일주일에 이틀쯤은, 내 잠자리는 늘 저 친구들의 집이었다. 시대를 앞서간 몽골 대초원 위의 유목민 같은 삶이었다.

이 중 왕십리를 빼놓고 1999년을 설명하기 어렵다. 당시 친구들은 뿔뿔이 흩어져 지냈는데, 각자 생활터전에서 치열하게 살다가 뭔가 사람 냄새가 그립거나 꿀잠을 자고 싶으면, 산란기에 흐르는 강물을 거슬러 올라가 회귀하는 연어들처럼, 우린 방이 가장 좁고 열악했던 성진이의 왕십리 원룸으로 모여들었다. 이곳에서 우린 참 많은 시간을 보냈는데 특별한 기억은 없다. 이것이 왕십리의 매력이었다. 아무것도 하지 않아도 따뜻하고 편안했던 곳.

성진이 방엔 책상과 의자도 없었다. 방바닥에 앉아 벽에 기대어 있거나, 엎드려 있어야 했다. 그래도 왕십리에 가면 한두 명의 친구들이 항상 있었다. 샤워기도 없어서 여름엔 100리터짜리 파란 통에 가득 담긴 물을 바가지로 퍼서 등목을 했고, 겨울철엔 뜨거운 물을 받아서 쭈그리고 앉아 머리를 감았다. 성진이는 별다른 말없이 졸리면 이불을 펴 줬고, 밥때가 되면 밥이랑 김치랑 계란이랑 스팸을 차려 줬다.

왕십리 방 안의 풍경은 언제나 한결같았다. 성진이는 게임을 했고, 게스트들은 음악을 듣거나 비디오를 보거나 만화책을 빌려와서 읽거나 창문 열고 담배를 피웠다. 그 방 조그만 tv 채널을 돌리다 우연히 접한 Pride FC는 순식간에 내 세계를 뒤흔들었고, 사쿠라바 카즈시와 그레이시 가문의 혈투에 푹 빠져 열광했다. 아무것도 하지 않아도 따뜻하고 편안했던 곳, 그래서 그 당시 우리에게 왕십리는 아지트, 집, 고향, 외갓집 같은 단어들과 같았다.

박정효

1999년 가을, 이문동의 박정효와 자주 어울렸다. 앞에서 몇 번 등장하지만, 박정효는 나랑 초등학교, 중학교를 같이 다녔고, 고등학교땐 같은 학원, 같은 독서실을 다니고 패싸움 때 뒷줄에 같이 섰던 사이다. 초등학교 시절엔 서로 얼굴 정도만 아는 사이였다가, 중2 때 한 반이 되며 친해졌다. 당시 우리 반엔 전교 1~2등을 도맡아 하던 친구 둘이 있었는데, 그 아이들이 아닌 우리가 임원이 되었다. 박정효가 반장, 내가 부반장. 정효는 우리 반에서 키가 제일 컸었고, 공부도 나랑 비슷했다.

난 중2 때 아주 까불거리는 스타일이었고, 정효는 제일 뒷자리에서 이어폰 꽂고 조용히 공부하던 모범생이었다. 굳이 따지면 난 떠들썩하지만 의외로 열심히 하는 타입이었고, 정효는 천재 과에 속했다. 그런데 첫 시험을 치고 나서 깨달았다. 당시 박정효는 이어폰 꽂고 책만 펼쳐 놓고 멍하니 있던 놈이었다는 걸. 첫 시험에서 공부 하나도 안 해야 받을 수 있는 성적을 받았던 거다. 중1 때까진 성적이 전교권에서 놀던 친구가 뭐지.

알고 보니 정효는 당시 팝송에 심취해 있었다. 나는 New Kids on the Block 정도 좋아했지만, 간지 나는 마이마이 워크맨으로 이문세 테이프를 들었고, 나미의 '인디언 인형처럼'을 따라 부르며 맘춤을 추던 평범한 중학생이었다. 그런데 정효의 테이프에는 머라이어 캐리의 'Vision of Love', Wham의 'Careless Whisper', Phil Collins의 'Another Day in Paradise', 마이클 볼튼의 'How Am I Supposed to Live Without You' 같은 팝송들이 담겨 있었다. 난 심지어 be supposed to라는 숙어조차 몰랐는데, 박정효는 "How am I supposed to live without you가 무슨 뜻인지 아나?"라면서 그 가사를 다 아는 듯 흥얼거리는 거다.

속으로 정말 대단한 친구라고 생각했다. 약간의 존경심까지 느꼈다. 물론 신은 공평하게도 정효에게 팝송을 듣는 귀는 주셨지만 노래를 부를 성대는 주지 않으셨다. 정효는 내가 아는 이 시대 최고의 음치였다. 그리고 정효는 그 테이프를 날 빌려줬고, 나는 집에 가서 복사한 다음 중2 내내 테이프가 늘어질 때까지 들었다. 특히 Wham의 'Careless Whisper'를 가장 많이 들었는데, 영어 가사는 몰랐지만 소리로 외웠다. '아이슈드노베다치어프렌(I should have known better than to cheat a friend), 앤 더챈댓아버기번(And waste the chance that I've been given)' 이런 식이었다.

아무튼 박정효는 중2 때 이후로 계속 함께한 친구였는데, 신촌과 이문동의 물리적 거리 탓에 대학 1~2학년 땐 자주 못 봤다. 그런데 내가 이문동과 가까운 장위동으로 이사 간 이후론 다시 자주 뭉치기 시작했다. 이 녀석과 둘이 살았던 이야기는 뒤에 다시 풀기로 하고, 정효가 "같이 술 마시자"며 본인 동아리 모임에 나를 자주 데리고 가기 시작했는데, 그때 정효 후배 중 눈에 들어온 친구가 있었다. 난 정효를 통해 그 친구의 이메일 주소를 알아낸 후, 그날부터 한 달을 이메일만 보냈다. 내가 외모로 어필하기보다는, 글로 호감을 얻는 게 더 나을 것 같았다. "취미는 뭐예요?", "가족은 어떻게 돼요?" 같은 재미없는 내용이었지만, Inbox에 새 메일이 와 있으면 설레면서 열어 봤다.

그러다가 용기 내어 첫 데이트를 신청했고, 그날 함께 간 곳이 1999년 연세대 노천극장에서 열린 '시월에 눈 내리는 마을' 콘서트였다. 그날부터 시작된 인연이 결국 김지영, 현재 나의 와이프이다. 지영이와의 연애와 결혼 이야기는 나중을 위해 잠시 아껴 두겠다.

1900년대 마무리

2000년, 복학하고 맞이한 3학년 시절은 무난했다. 화사하게 차려입어도 무언가 칙칙하고 어두운 그림자를 드리우는 예비역들끼리 모여서 잃어버린 서울말도 다시 배웠고, 한 게임 하사는 말이, 당구가 아닌 스타크래프트가 되어 버린 적응 안 되는 시대 변화 속에서도, 머리보단 몸으로 버티며 다시 대학 생활에 익숙해지기 위해 노력했다.

3학년이 되자 우리는 진로 고민을 시작했다. 학점 좋은 친구들은 컨설팅 펌이나 외국계 회사에 들어가기 위해 학점을 더 갈고닦았고, 대부분의 친구들은 회계사 공부에 뛰어들었다. 나는 어렴풋이 '스포츠 마케터가 되고 싶다'는 마음이 있었기에, 회계사 준비는 애당초 생각해 본 적이 없었다. 회계원리, 관리회계까지는 참고 수업을 들었지만 중급회계 첫 수업 듣고 바로 수강 변경했다. 그렇게 당시 트렌드였던 회계사 길은 내 선택지에서 사라졌다.

대신 회계처럼 숫자로 정답이 딱 나오는 과목이 아니라, 대략 큰 줄기만 알면 술술 풀 수 있는 마케팅 과목들의 성적은 괜찮았다. 물론 내가 감이 좋아서라기보단, 친구들이 치열하게 회계 공부하며 계산기 두드릴 동안, 나는 마케팅 서적이나 뒤적였기 때문에 상대적으로 점수가 더 나왔던 것뿐이다. 회계 과목은 A를 받기 위해 10시간을 공부해야 했다면, 마케팅 과목들은 30%만 투자해도 A학점을 받을 수 있었으니, '가성비 측면에서 회계를 포기하고 타 과목에 집중'한 건 정말 스마트한 선택이었다. 1학년 무악학사 강제 퇴실과 하나하우스의 후폭풍을 딛고, 방황하던 내 학점도 드디어 인간의 영역으로 복귀하기 시작했다.

자, 이제 1900년대를 마무리해 보자.

1999년 12월 31일, 새해 맞이 보신각 종소리를 듣기 위해 친구들이 하나둘 모였다. 엄청난 인파 속에서 우리는 좋은 위치를 차지하기 위해 사투를 벌였지만, 계속 뒤로 밀려서 종을 물리적으로 볼 수 없는 위치까지 후퇴하고 말았다. 그때 친구들이 모두 영미를 바라보더니 외쳤다. "걍

느그 회사 가자!"

영미는 당시 현대해상 신입사원이었고, 그 회사는 보신각 종이 한눈에 내려다보이는, 밀레니엄 새해를 맞이할 최적의 장소였다. 우리는 주저하던 영미를 붙잡아 데려갔고, 영미는 "내 잘리면 먹여 살리라!"며 우리를 이끌고 용감하게 회사로 돌진했다.

우리는 바리케이드를 뚫고 회사 건물로 들어갔고, 영미가 로비에서 경비 아저씨께 당당히 사원증을 보여 주는 동안 아저씨는 "저 떼거지들은 뭐지…?" 눈치 채시는 듯했지만, 우린 기가 막힌 타이밍에 전속력으로 엘리베이터에 뛰어들어 성공적으로 영미의 사무실로 올라갔다. 지금 생각해 보면, 신입사원이 외부 친구들 7~8명을 끌고 밤 12시에 회사에 들이닥치다니, 미친 거지. 증권가 찌라시에 뜨고 잘려 마땅할 일이다.

그래도 영미의 '배 째라 정신' 덕분에 우리는 그 지옥 같던 종로 한복판에서 함께 2000년 0시 0분을 하이파이브 하며 시작할 수 있었고, 온 사방에 흩날리던 종이 가루들을 손으로 움켜잡고 창문 바깥으로 팔을 뻗으며 괴성을 질렀다. 세상이 멈출 줄 알았던 Y2K 대란은 끝내 오지 않았고, 세상과 우리는 그대로였다. 그렇게 우리의 어설펐지만 아름다웠던 1900년대는 화려한 불꽃놀이로 마감되었다.

2001, San Diego

경영학도로서 '회계사가 되지 않을 거라면 영어라도 잘해야 한다'는 부담이 있었지만, 내 영어 실력은 참담했다. 그러던 중, 영어 성장판이 닫히기 직전의 '마지막 골든타임'에 나는 뜬금없이 일본어에 열정을 쏟는 우를 범했다. 영어 학원을 등록하기로 마음먹고 현금까지 뽑아 놓은 상황에서, 운명의 장난처럼 영화 '러브레터'를 보게 되었고, 후지이 이츠키가 "오겡끼데스까?"라고 외칠 때 120% 감정 이입을 하고 있던 난, 오타쿠처럼 화면에 대고 "와타시와 겡끼데스"를 울부짖고 있었다. 그래서 영어학원 대신, 예정에 없던 일본어 학원을 등록했다. 1년간 열심히 해서 일본어능력시험 2급도 따며, 스스로 '영어 못해도 된다'는 변명거리를 만든 것 같다.

하지만 도망가는 것도 한계가 있다. 이대로 4학년이 되면 안 되겠다 싶었다. 그래서 영어를 공부하러 떠나기로 했다. 난 목표도 소박했다. 남들보다 더 잘 하자가 아니라, 적어도 남들만큼만이라도 하자였다. 영어권으로 폼 나게 교환학생을 가기 위해선 학점이 3.5/4.0 이상이 되어야 해서, 나처럼 뒤늦게 뒷심을 발휘해 학점 세탁 중인 학생들에게 남은 선택지는 결국 자비 들여 어학연수를 가는 수밖에 없었다. 그래서 난 3학년을 마치고 2001년 1월, 그동안 모아 놓은 과외비 및 부모님의 찬조로 미국행 비행기에 몸을 실었다.

2001년 미국행의 목적지는, 1996년 버클리대학에서 신세 한번 졌던 은영이 누나가 살고 있는 샌디에이고였다. 은영이 누나 설명을 조금 더 하자면 피로 연결된 친족은 아니지만, 내겐 친누나나 다름없다. 우리 아버지가 국가대표 선수 시절, 은영이 누나의 아버지가 물심양면으로 후원을 많이 해 주셨다고 한다. 그 귀한 인삼도 보내 주셔서, 아버지는 그분을 인삼형이라고 부를 정도로 고마워하고 따르셨다. 어릴 때 아버지는 인삼형이 연세대라는 좋은 대학을 나오신 분이라며, 나도 공부 열심히 해서 인삼형처럼 연세대학을 가서 훌륭한 사람이 되라고 하셨다. 그때부터 연세대학을 마음 속에 품었던 것 같다.

내가 태어났을 때, 인삼형 집엔 딸만 둘이었기에 날 아들 삼으라고 언약을 하셨다. 우리 아버지, 공유경제의 시초셨네. 그래서 내가 그분들을 부르는 호칭도 '서울 엄마, 서울 아빠'였다. 초등학교 시절, 난 서울에도 아빠 엄마가 있다고 이야기하고 다녔는데, 지금 생각해 보니 모르는 사람들은 복잡하고 사연 있는 집안으로 오해했겠다. 하지만 난 서울에도 가족이 있다는 것이 너무 좋았다. 은진, 은영 누나들과 편지도 자주 주고받았고, 방학만 되면 서울 누나 집으로 놀러 갔었고, 누나들은 날 친동생처럼 이뻐해 주며 여기저기 데리고 다니셨다. 그 초등학생이 대학생이 된 후에도, 누나한테 신세를 지러 미국까지 간 것이다.

우선, San Diego State University의 어학연수 프로그램에 등록해 4개월 정도 다녔다. 중급반에 배정된 나는 일본, 대만, 아랍 친구들과 중1 수준 영어로 서로 암유발 영어만 반복하며 시간을 보냈다.

이건 아니라고 느껴서, 결국 TOEFL 공부를 시작했다. 말하기는 자신 없었지만, Paper-based Test에서 점수 내기엔 특화되어 있는 교육을 받은 덕분에 나름 괜찮은 점수를 얻을 수 있었고, 그 점수로 Community College에 입학했다. 한 학기만 다닐 예정이었기에 수강 과목은 실용음악, 테니스, 골프 등으로 가볍게 채웠다. 하지만 Community College엔 대부분 바쁜 스케줄 속에서 대학 편입을 준비하는 친구들뿐이라, 친구를 사귀거나 영어 쓸 일은 거의 없었다. 테니스를 같이 치는 미국 친구에게 "Hi~, Good Job~ Bye~" 정도만 말하고 돌아온 날도 있었다. 결국 여기도 영어를 제대로 배울 수 있는 곳이 아니다 싶어, 영어를 더 많이 쓸 수 있는 기회를 찾아 나섰다. 혹시 학교에 연계된 인턴십 프로그램이 있냐고 물었더니, '니가 직접 구해 오면 연계과정으로 처리해 줄게요'라는 무성의한 답변이 돌아왔다. 학교는 아무것도 안 해주겠다는 말이지. 뭐, 기대도 안했다. 결국 직접 인턴 자리를 알아보기로 했다.

나는 전화번호부를 펴 들고, 무작정 전화를 돌렸다. 그리고 이메일 주소를 알아낸 후 이력서를 50군데쯤 보냈다. 역시 아무 곳에서도 연락 오지 않았다. 미국 회사가 당시 날 뭘 보고 뽑겠는가. 그럴수록 나는 변태처럼 더 많은 전화를 돌렸다. 그러던 어느 날, 고장 난 줄만 알았던 우리 집 전화기가 드디어 울렸다. San Diego Marriott Hotel이었다. 내가 생각했던 것보다 훨씬 맘에 드는 곳에서 전화가 온 거였다. 면접 한 번 보러 오라고 했다. Yes~!

목욕을 하고, 아웃렛에서 와이셔츠 하나 사 입고 면접장으로 향했다. 잃을 게 없다 보니 겁도 없었다. 떨어지면 또 50군데 전화를 돌리면 되니까. 면접관은 Rolando라는 이름의, 작고 다부진 멕시칸 아저씨였다. 대화를 몇 번 주고받다 보니 나의 영어 실력 때문에 고민하는 기색이 역력했다. 예상했던 반응이었다. 그래서 회심의 카드를 꺼냈다. "Mr. Rolando. No salary will be fine." 그랬더니 Rolando가 흠칫 놀란다. "Really?" 그때 살짝 웃으며 한마디 덧붙였다. "Free lunch is enough." 돈은 안 줘도 되는데 끼니는 챙겨 달라는 나의 흥부급 헝그리 정신이 통했는지, 나는 그 자리에서 인턴 채용 통보를 받았다.

Rolando 아저씨는 나에게 호텔 조직도를 펴 보여 주며 "일하고 싶은 부서 하나 골라 보라"고 했다. Marketing, HR, PR, Accounting, Finance… 이력서 한 줄 쓰기 딱 좋아 보이는 부서들이 줄줄이 나열되어 있었다. 그런데 제일 마지막에 있는 부서가 눈에 딱 띄었다. "My choice is here. Thank you very much." 이랬더니 Rolando 아저씨의 미간이 구겨지며, '이놈을 여기 보내도 되나?' 잠시 고민하시는 듯했다. 그래서 내 본능대로 또 한마디 던졌다. "No salary. Just free lunch." 의외로 이 드립에 약하셨던 Rolando 아저씨는 "Okay, okay. You got me."라며 웃으셨다. 그 부서는 영어를 가장 많이 쓸 것처럼 보인 Front Desk였다.

다음 날부터 본격적인 Front Desk의 삶이 시작되었다. 보통 한 조에 세 명이 근무했는데, 한 명은 전화 담당이고 나머지 두 명은 손님 응대에 전념하는 구조였다. 나는 예약 손님이 오면 "What's your last name?"

으로 시작해 몇 박 묵는지, 스모킹 룸인지, 침대 유형은 어떤지 등을 확인한 뒤 카드키 두 장을 발급하는 업무부터 시작했다. 가끔 사람이 없어서 내가 전화를 받게 됐을 땐, "Thank you for calling San Diego Marriott Suites. This is Changwoo. How can I help you?"까지는 버터 발린 발음으로 유창하게 굴러갔는데, 그 이후부터 상대가 쏼라쏼라 떠들면 나는 웃으며 "Hold on a second, please"를 외치곤 동료에게 전화를 돌리곤 했다.

그러면서 조금씩 호텔 영어에 적응하기 시작했고, 어느 순간부터 전화는 내 담당이 되어 버렸다. 호텔 전화는 대부분 예약 문의거나, 내비게이션이 없던 시절이라 지금 위치가 어디인데 호텔까지 어떻게 가야 하는지 질문들이었다. 그래서 난 전화 옆에 항상 지도를 펴 놓고 "손님, 그 위치면 8번 Hwy를 타고 오다가 163번 Hwy로 갈아탄 후 A street으로 나와서 직진하다 보면 오른쪽 편에 있다" 등의 안내를 해 주곤 했다.

처음 내게 할당된 근무시간은 9 AM to 1 PM이었다. 하지만 영어를 배우려고 온 만큼, 하루하루가 너무 아깝게 느껴졌다. 그래서 근무 시간을 조금 욕심 내 보기 시작했다. 동료들의 엉망진창 근태를 커버해 주며 난 학교 가는 시간을 제외하면 계속 호텔에 상주했다.

Front Desk 바로 옆에 Concierge 팀이 있었는데, 이 친구들은 근태가 많이 안 좋았다. 특히 에디 머피 닮은 흑인 친구는 "꿈이 영화배우"라며 오디션 핑계로 자리를 한두 시간씩 비우는 일이 잦았다. 그럴 때마다 내가 Concierge 백업 역할을 했고, 손님들의 짐을 들어 드리고 나오며 "Enjoy your stay"를 외치곤 했다.

근무를 마치면 학교에 가거나 라호야 비치(La Jolla Beach)로 향했다. 해변에 펼쳐진 해변용 의자에 몸을 뉘이고 책을 보거나 서핑하는 사람들을 구경했다. 가끔은 모래사장 너머가 아니라 의자를 돌려 반대편 주택가를 응시하곤 했다. La Jolla는 샌디에이고의 대표적인 부촌으로, 단독주택부터 해안 저택까지 어찌나 호화롭던지. 그때 나는, "15년쯤 지나면 서울에 집 하나 있고, 저곳에 별장 하나쯤은 가지고 있지 않겠냐"고 막연히 상상했었다. 25년이 지난 지금, 난 한국의 La Jolla Village로 볼 수 있는 명품 도시 남양주와 구리에서 서핑 하듯 뛰노는 딸들을 흐뭇하게 바라보고 있다.

그렇게 호텔에서 반년을 일했다. 호텔에서의 영어가 점점 입에 붙었고, 손님이 "How are you?"라고 물으면, "Much better since I saw you"라고 능글맞게 대답하며 농담 할 정도가 됐으며, 더 이상 전화를 받고 "Hold on a second" 하며 옆사람에게 넘기는 일도 사라졌다. 링에서 자며 운동했다는 아버지 수준까진 아니지만, 호텔에 상주하며 새벽이고 밤이고 동료들이 일이 생기면 그 시간을 자진해서 채워 줬다. 돈도 안 받는 애가 이렇게 열심히 하는 것이 신기했던지, 마지막 달인 12월엔 직원들이 뽑는 'Employee of the Month'로 선정되었고, 호텔로부터 티파니 키홀더를 선물로 받았다. 그 키홀더는 지금도 내 차 키를 매달고 여전히 나와 함께 달리고 있다.

샌디에이고에서의 1년을 돌아보면, 단순히 영어 연수나 호텔 인턴이라는 꼬리표를 떠나, 낯선 사람과 마주하기 익숙해지는 훈련의 상이있고, 내면의 작은 자신감들이 하나하나 뿌리내린 시간이었다.

자, 이제 호텔의 Front desk를 떠나, 대학 마지막 1년이 기다리는 신촌으로 돌아가자.

2002, Yonsei Boxer

샌디에이고에서 한국으로 돌아와 4학년 복학을 앞두고 한 달 정도 부산에서 시간을 보냈다. 무엇을 하기엔 애매한 시간이라 고민고민 하다가, 난 운명처럼 복싱을 선택했다. 말한 대로, 우리 집안은 친가, 외가 할 것 없이 모두 엘리트 체육인들이었지만, 나는 그 피를 아주 낮은 확률로 이어받지 못했다. 대신, 운동 집안에서 돌연변이로 하나씩 튀어나오는 '공부 잘해서 서울로 대학 간 자랑거리' 아들이자 친척이었다.

아버지가 동아 체육관을 운영하셔서, 초등학교 때 체육관 형들에게 원투 원투 복싱을 배웠고, 가끔 일요일 체육관 문 닫을 때 열쇠를 몰래 가지고 나와 친구들이랑 스파링도 하며 놀았다. 하지만 체계적으로 배운 건 아니었기에 '복싱을 했다'고 말하긴 뭔가 아쉬웠다. 그래서 4학년 복학 전 한 달간 부산에서 복싱을 제대로 배워 보기로 했다.

나의 사부는 다름 아닌 사촌동생 손태훈이었다. 그는 당시 헤비급 국가대표 상비군을 들락거리던 녀석으로, 한 달 동안 나를 집중적으로 트레이닝시켜 줬다. 태훈이는 나의 폼을 하나하나 뜯어고쳤고, 씨름부에

가 친구 최홍만으로부터 샅바를 얻어 와 붕대로 만들어 주었다. 그 붕대가 피로 물들 때까지 샌드백을 치고 싶었지만, 난 타이슨이 아니었다. 아무리 때려도 내 손은 깨끗했다. 스파링도 자주 했는데, 이 녀석은 안 때린다고 약속해 놓고 가끔 빠지면서 한 대씩 날려, 날 링 바닥에 꼬꾸라지게 만들었다. 치욕적인 장면들도 있었지만 나의 폼은 갈수록 올라갔다.

그렇게 맹훈련을 하고 2월에 다시 서울에 올라왔다. 난 폼이 오른 김에 계속 운동을 하기 위해 복싱 체육관을 찾아 돌아다녔다. 안타깝게 학교 근처에는 없었지만, 서강대학교 후문 쪽에서 '마포 라이온 복싱체육관'을 발견했다. 지하에 자리한 체육관은 퀴퀴한 곰팡이 냄새와 땀에 절은 글러브 냄새가 뒤섞인 헝그리한 공간이었고 학교에서 빠른 걸음으로도 15분이나 걸렸지만, 그곳에서 계속 운동할 수 있다는 사실만으로도 가슴이 벅차올랐다. 관장님께 슬쩍 아버지 성함을 밝히니, 네가 영찬이형 아들이냐며 너무 놀라고 좋아하셨다. 그 후로 날 아들처럼 잘 챙겨 주셨고 체육관 열쇠도 그냥 내게 하나 내어 주셨다. 잘 곳이 또 하나 늘었구나. 다만 공포영화 '링'을 본 지 얼마 안 되었을 때라, 링 바닥 밑에서 뭔가 기어나올까 봐 차마 잠을 잔 적은 없었다.

그렇게 복학 준비와 함께 운동도 이어 가고 있었지만, 혼자 하는 운동은 너무 심심했다. 그러다 문득 '이왕이면 동아리라도 만들어 볼까?' 하는 생각이 들었다. 우리 학교엔 복싱 동아리가 없었다. 무려 4학년씩이나 된 놈이 정말 공부하기 싫었나 보다. 그래서 당시 테헤란로 벤처에서 웹마스터로 일하며 포토샵 좀 만지던 정효에게 부탁해서 배너 광고를 하나 만들었다. 양복입고 있는 독수리가 글러브를 끼고 있는 그림과 함께 "연세대학교 복싱 동아리 부원 모집". 그렇게 Yonsei Boxer는 시작되었다.

동아리를 만들려면 지도교수가 있어야 했다. 체육학과 교수님들 중 복싱에 관심 가져 주실 만한 분이 없을까 찾고 있던 중, 운명처럼 학교 앞 식당에 갔다가, 버려져 있는 신문에서 세브란스 치과의사 프로복서로 유명하신 최병재 교수님의 기사를 보게 되었다. 난 신문을 접고 숟가락을 던진 다음, 곧장 나의 애마 스쿠터를 타고 전속력으로 달려, 치과병동으로 교수님을 무작정 찾아갔다. 간호사분께서 어떻게 왔는지 물어서, 이빨이 아픈데 꼭 최병재 교수님께 진료를 받고 싶다고 말했다. 참고로 교수님은 소아치과 담당이셨다. 그렇게 충치 치료하러 엄마 손잡고 온 아이들 틈에서 한 시간을 기다려 내 차례가 되었다.

교수님은 아이가 아니라 다 큰 놈이 들어오자 순간 놀라셨다. 어떤 일로 찾아왔는지 조심스레 물어보셨다. "교수님, 사실 이빨 때문에 온건 아니고요, 제가 복싱 동아리를 만들 테니 지도교수가 되어 주세요" 그 말은 No salary, free lunch만큼 진정성이 있었나 보다. 교수님은 환한 미소와 함께 쿨하게 "만들어지면 연락해요"라며 본인의 직통 번호를 친절히 적어 주셨다.

지도교수님도 생기고, 이제 진짜 '회원만 있으면 되겠다' 싶었다. 마침내 D-Day, 복싱 동아리 설명회를 열기로 했고, 중앙도서관 6층 미팅룸에서 나 혼자 초조하게 기다렸다. 그런데 웬걸, 열 명이 참석했다. 이정도면 흥행한 건가. 그 친구들에게 동아리의 비전에 대해 말하고 함께 체육관으로 걸어갔다. 학교 중앙도서관에서 도보로 제법 먼 거리였고, 지하의 열악한 체육관 환경도 미안했고, 심지어 체육관 구석구석을 소개하는 중 정전까지 되어 순간 방탈출 게임장이 된 듯했지만, 그 열 명은 망설임 없이 함께 하기로 했다. 그렇게 발기인 10명으로 시작한 동아리는 원투 원투 때리다 보니 점점 인원이 늘었고, 몇 번의 위기가 있었지만 놀랍도록 뛰어난 후배들이 적재적소에 등장하며 한 발 한 발 전진했다. 그리고 어느덧 초기 동아리 멤버들의 꿈이었던 중앙 동아리가 되었고, 지금은 자타공인 연세대 최고의 인기 동아리가 되어 있다. 동아리가 안정되며 후배들의 실력도 나날이 늘어 전국 대학복싱 동아리대회에서 메달을 휩쓸며 종합우승 2연패를 달성하기도 했다.

2002년, 나는 4학년을 맞아 학점 관리 따위는 과감히 포기하고, 연세대 복싱 중앙동아리 'Yonsei Boxer' 설립과 부흥에 모든 열정을 쏟아부었다. 그 한 해, 2002년이라는 빈티지는 내 삶에서 가장 치열하게, 가장 심도 깊게 경작된 시간이었다.

그래서 다시 돌아보면, 1995년부터 2002년까지 이어진 나의 대학생활은 누구보다도 즐겁고 다채로웠다. 방황과 도전, 우정과 사랑, 성장과 배움이 어우러져 완성된 7년, 그저 그때만이 가질 수 있었던 온전한 나의 청춘이었다.

2003, 서울시 중구 약수동

2002년, 4학년이 되던 해까지는 계속 장위동 이모 집에서 살았다. 그런데 취업을 앞두고 삶에 변화가 필요했다. 마침 장위동 동네가 재개발로 확정되면서 어차피 이모 집을 빼야 하는 상황이었다. 그래서 자연스럽게 독립을 결심했다. 마침 비슷한 욕구를 품고 있던 박정효와 의기투합해 함께 살기로 했다.

문제는 집 위치였다. 둘 다 취업 준비생이라 어디서 일하게 될지 몰랐으니, 집을 어디로 정하느냐가 쉽지 않았다. 여의도로 갈지, 강남으로 갈지, 을지로로 갈지⋯ 우리의 미래는 예측 불가였다. 하지만 역시 반장과 부반장이 머리를 맞대니, 수학적이면서도 과학적이고 동시에 인문학적인 집 위치 선정법이 떠올랐다. '어차피 서울에서 일할 테니, 서울 정중앙에 살자. 그러면 어느 지역에서 일하든 30분 안에 갈 수 있다'는 결론이었다. 이것이 우리가 낼 수 있는 가장 고차원적인 솔루션이었다. 그리고 벤처기업에서 일하며 IT에 강한 정효가 인터넷에서 서울 지도를 출력했고, 어린 시절 미술에 소질 있던 내가 그 지도를 가로 세로로 두 번 접어 4분의 1 크기로 만든 뒤, 로또 당첨 번호를 기다리는 심정으로 지도를 펼쳤다.

캬! 드디어 나왔다. 서울의 중심!

지도를 가로세로로 접었다 펼친 그 교차점이 마치 좌표평면의 (0,0) 원점처럼 딱 찍혔다. 그 지역이 바로 약수동이었다. 근처에는 약수역과 청구역이 있었는데, 약수역에는 3호선이, 청구역에는 5·6호선이 지나갔다. 이 정도면 우리가 어디에서 일하더라도 최적의 거점 아닌가.

그렇게 우리는 곧장 약수역으로 향했고, 지하철에서 나오자마자 눈에 들어온 첫 부동산으로 들어갔다. 우리 둘의 세련된 외모에서 은은히 풍겨 나오는 딱 그 정도의 예산을 먼저 밝히고, 약수역과 청구역 중간 지점에 방 두 개짜리 집을 찾는다고 했다. 부동산 아주머니는 마침 학생들에게 꼭 맞는 집이 있다며 안내해 주셨다. 나는 순간 영화 〈조용한 가족〉에서 송강호의 명대사, "저 학생 아닌데요"라는 개드립을 치고 싶었지만 꾹 참고 따라나섰다. 아주머니가 보여 준 집은 무난했다. 이미 우리는 위치 선정에 너무 많은 에너지를 쏟은 상태라 두 번 고민하지 않고 바로 계약했다. 마지막 남은 의사결정 사항인 '누가 큰 방을 쓸 것인가' 문제는 역시 수학적·과학적·인문학적인 방식으로 접근해, 키가 큰 정효가 큰 방을 쓰기로 했다.

이렇게 해서 박정효와의 약수동 동거가 시작되었다.

고양이, 멍멍이

이 집을 떠올리면 가장 먼저 생각나는 건 고양이다.

우리는 이사 오자마자 고양이를 한 마리 데려왔다. 당시 우리의 사회적 지위와 물이 오른 외모를 고려하면 페르시안이나 벵갈 같은 혈통묘가 급에 맞았겠지만, 우리가 데려온 건 신촌 술집을 무단 점거하던 길냥이의 새끼였다. 그 술집에서 밥을 얻어먹더니 아예 자기 집인 양 눌러 살던 고양이가 새끼를 낳았다고 해서, 그중 한 마리를 데리고 온 것이다.

원래 길냥이 새끼는 어릴 땐 참 예쁘다. 동물을 썩 좋아하지 않던 정효마저 귀엽다고 할 만큼, 녀석은 사투리가 난무하던 우리 집에 잘 적응해 갔다. 이름을 뭘로 지을까 고민하다가, 마침 2살 아들을 데리고 한국에 들어온 은영이 누나 집에 아기 고양이를 데리고 갔다. 나는 단순하게, 두 살 조카가 처음 내뱉는 말을 이름으로 삼기로 했다.

그렇게 문을 열고 고양이를 내려놓자, 조카가 달려오며 외쳤다.

"와! 멍멍이다! 멍멍이!"

그리하여 이 고양이의 이름은 '멍멍이'가 되었다. 그래도 다행이다. 만약 조카가 고양이보다 나를 먼저 보고 평소처럼 "삼촌!"을 외쳤더라면, 숙녀 고양이의 이름은 '삼촌'이 되었을 테니까.

고양이를 키워 본 적이 없던 우리는 멍멍이에게 사료 따위는 먹이지 않았다. 대신 우유도 주고, 참치도 주고, 게맛살도 주고, 쥐포도 주고, 퇴근할 때마다 고양이가 좋아할 법한 음식을 우리 맘대로 사 와 먹였다. 다 잘 먹긴 했지만, 녀석은 특히 게맛살을 제일 좋아했다. 갸르릉이 폭발했다.

그렇게 뱅갈 출신 냥이들이 부럽지 않을 만큼 애지중지 잘 키우던 어느 날 아침이었다.

둘 다 출근 준비로 분주했다. 정효가 먼저 현관에 나가 구두를 신었는데, 구두끈이 풀려 있었다고 한다. 보통 구두끈이 풀리면 무릎을 꿇고 앉아 묶지 않나? 그런데 정효는 마치 자기가 장신인 걸 자랑이라도 하듯, 1미터가 넘는 복도 난간에 발을 턱 올렸다. 꼭 발레 무용수가 바(bar)에 다리를 걸치고 허벅지 뒤쪽 근육을 풀어주는 듯한 스트레칭 자세였다. 그런 아크로바틱한 포즈로 구두끈을 묶고, 발을 힘차게 1미터 아래 바닥으로 내리는데,

깨갱!

사건은 이랬다. 멍멍이가 우리의 출근길을 마중 나와 정효 발밑에서 쓰다듬어 달라는 듯 부비고 있었는데, 정효는 멍멍이가 있는 줄도 모르고 구두끈을 묶은 뒤 발을 내리다가 멍멍이 머리를 그대로 밟아 버린 것이다.

"오우 쉣! 우짜노! 우짜노! 밟았다! 우짜노!"

정효의 외침에 밖으로 나가 보니, 정효는 하얗게 질려 있었고 멍멍이는 술 취한 듯 비틀거리다 픽 쓰러졌다. 몇 번을 일으켜 세웠지만 조금 걷다가 다시 쓰러지기를 반복했다. 뇌진탕 증상처럼 토도 했다.

우린 둘 다 패닉 상태였다. 당연히 멍멍이를 안고 동물병원에 가야 하는 상황이었지만, 갓 취업한 신입사원들에게 출근시간은 다른 옵션이

허락되지 않았다. 결국 우리는 비인간적으로 보이지만 일단 출근하기로 했다. 쓰러져 있던 멍멍이를 집 안으로 옮겨 따뜻한 이불을 깔아 주고, 좋아하는 음식들을 잔뜩 그릇에 부어 놓은 뒤 서둘러 나왔다.

출근했지만 마음이 편할 리 없었다. 정효와 계속 문자를 주고받았다.

정효 : 죽은 거 아니겠재.
나 : 몰라. 근데 멍멍이 죽었으면 니도 내 손에 죽는다.
정효 : 죽었을까 봐 쪼린다. 니가 먼저 집에 들어가 봐라.
나 : 은다. 니가 밟았잖아. 니가 먼저 들어가 봐라. 나도 쪼린다.

결국 그날, 신입사원 주제에 둘 다 건방지게 칼퇴근을 했다. 나보다 먼저 도착한 정효는 무서워서 집에 들어가지도 못하고 지하철역에서 날 기다리고 있다가, 같이 들어갔다.

두근거리며 "멍멍아!" 하고 부르며 문을 열었다. 우리가 두고 간 그 자리에 그대로 누워 있었다. 순간 안 좋은 생각이 스쳤지만, 곧 "야옹" 소리가 들렸다. 살아 있었다. 녀석은 "야옹, 야옹"거리며 천천히 우리 쪽으로 다가왔다. 평소보다 많이 느린 걸음이었지만, 다행히 비틀거림은 없었다. 우리 주위를 맴돌며 털을 비벼 대는 걸 보니 정말 살았구나 싶었다. 그제야 멍멍이는 아침에 우리가 놔두고 간 음식들을 먹기 시작했고, 우리도 그 모습을 보며 안도감에 긴장이 풀려 멍멍이와 똑같은 메뉴로 저녁을 먹었다.

멍멍이는 정효의 발차기(?) 충격에서 점차 회복하며, 다시 발랄한 고양이의 모습으로 돌아왔다. 6개월 동안 함께 지내면서 우리에게 발톱을 세우거나 하악거린 적이 거의 없을 정도로 온순하고 착한 냥이었다.

하지만 문제는 그 아기 같던 멍멍이가 다섯 달쯤 되었을 때였다. 이상한 울음소리를 내기 시작한 것이다. 발정기가 온 것이었다. 집 앞 건달 수컷 길냥이가 불건전한 울음을 토해 내면, 멍멍이도 창문을 바라보며 섹시한 울음으로 화답했다. 처음엔 '아, 이제 멍멍이가 어른이 되었구나' 하고 신기했는데, 이틀, 사흘 계속되며 밤마다 데시벨을 높여 괴성을 지르니, 새벽 출근을 위해 꿀잠이 절실했던 우리는 미치기 직전이었다. 흡사 귀신 소리 같았다.

결국 우리는 문을 열었다. 평소 겁이 많아 문이 열려 있어도 한 발짝도 나가지 않던 녀석이었는데, 그날은 뒤도 안 돌아보고 휙 나가 버렸다. 조금 서운하기도 하고 걱정도 되었지만, 그보다 잠이 더 간절했다. 오랜만에 귀신 소리가 사라진 집 안은 참으로 고요했다.

다음 날 아침, 문을 열자 멍멍이가 수컷 길냥이와 함께 문 앞에 앉아 있었다. '아, 이 녀석이 어젯밤 우리 멍멍이와 비포 선라이즈를 찍은 주인공이구나.' 두 마리는 마치 "우린 손만 잡고 잤어요"라고 항변하는 표정으로 우리를 바라봤다. 길냥이라면 사람을 무서워해야 할 텐데, 멍멍이가 무슨 말을 해줬는지 우리가 다가가도 도망가지 않았다. 우리는 멍멍이만 집 안으로 들이고 문을 닫았다.

그래도 사랑한다면 몇 분쯤 더 자리를 지켜야 하지 않나. 잠시 후 혹시 수컷 길냥이가 아직 문 앞에 멍멍이를 기다리고 있으면 먹을 거라도 주려고 문을 열어 봤지만, 녀석은 이미 자취를 감췄다. '수컷들이 다 똑

같지 뭐.' 괜히 우리 멍멍이가 순진하게 이용당한 건 아닌가, 괘씸한 생각마저 들었다.

하지만 그 원나잇 길냥이는 스나이퍼였다. 그 후 멍멍이의 행동이 조금 이상해 동물병원에 데려가 보니, 어이없게도 임신이란다. 불과 여섯 달 전에 새끼 신분으로 우리 집에 들어왔는데, 단 한 번의 원나잇으로 임신을 하다니.

우린 고민에 빠졌다. 멍멍이 한 마리야 꾸역꾸역 키운다 쳐도, 새끼들까지 책임질 자신은 없었다. 결국 멍멍이와 태어날 아가들의 미래를 위해 놔주기로 했다. 여기저기 분양 사이트에 멍멍이 사진과 특이사항 '임신 중'을 올렸고, 다행히 누군가가 임신한 멍멍이의 입양을 희망했다. 그렇게 우리와 멍멍이의 6개월 동거는 거기까지였다. 멍멍이가 순산 후 새끼들과 함께 있는 사진을 마지막으로, 이후 소식은 끊겼다. 가족들과 게맛살 많이 먹고 행복하길.

직장생활

둘 다 적당한 시점에 취업을 했다. 정효가 먼저 여의도에 있는 외국계 회사에 들어가, 집에서 5분 거리인 5호선 청구역을 이용해 편하게 출퇴근하기 시작했다. 나는 오랜 기다림 끝에 삼성전자 43기 공채 신입사원으로 합격했다. 첫 직장으로 너무 마음에 들었다.

12월 중순, 삼성본관 지하에서 합격생들을 대상으로 오리엔테이션이 열렸는데, 내 입사일은 1월 6일로 나와 있었다. 입사까지 고작 2주 남짓 남은 상황이었다. 그런데 철없던 나는 조금 더 놀고 싶었다. 오리엔테이션이 끝나자 인사담당관을 찾아가 입사일을 바꾸고 싶다고 했다. "개인적인 사정이 있다"고 둘러대니, 언제로 바꾸길 원하냐고 물었다. 나는 43기 중 제일 마지막 차수를 찍었다. 그게 바로 2003년 3월 21일이었다.

너무 쉽게 입사 시기를 연기해 준 덕분에, 나는 꿀 같은 자유시간 3개월을 덤으로 얻었다. 계획은 그럴싸했다. 운동도 열심히 하고, 입사 전 이것저것 공부도 좀 하고, 문화생활도 즐기리라 다짐했다. 하지만 현실은, 공부는 개뿔, 여전히 노란 염색 머리를 한 채 여기저기 기웃거리며 시간을 허비했다.

그렇게 아무것도 하지 않은 채 3개월이 훌쩍 지나, 드디어 대망의 3월 21일이 되었다. 한 달 동안의 신입사원 입문교육을 받으러 연수원으로 떠나는 버스를 타기 위해, 나는 태평로 삼성생명 건물로 갔다. 현장에는 신입사원 명단과 연수원 이름, 탑승 차량 등의 정보가 붙어 있었다. 그런데 어라! 내 이름이 없었다.

다시 한 번 꼼꼼하게 살펴봤지만, 정말로 내 이름은 없었다. 버스 출발 시간이 다가오고, 모든 신입사원들은 어색한 얼굴로 버스에 올라탔으며, 버스 시동이 하나둘 켜지고 있었다. 나는 다급하게 인사담당으로 보이는 사람에게 다가가 내 이름이 누락된 것 같다고 말했다. 그는 심드렁한 얼굴로 본사 인사팀에 전화를 걸더니 이렇게 말했다.

"확인해 보니 손창우 씨는 1월 6일에 입사하지 않아 퇴사자로 처리되어 있습니다"

그는 청천벽력 같은 말을 남기고 쌩하니 가 버렸다. 그 순간 버스들이 천천히 움직이기 시작했다.

정말 어이없는 상황이었다. 내 인생 첫 회사 생활이 시작도 하기 전에 끝나는 건가? 이미 다른 기업들의 공채 전형은 모두 끝났고, 삼성전자도 내가 연기한 덕분에 이번이 43기의 마지막 차수였다. 저 버스를 놓치면 진짜 끝이었다. 이건 아니지. 나는 캐리어를 들고 제일 마지막에 출발하던 버스를 세우고 무작정 올라탔다.

그 버스는 43기 27차를 태우고 전주로 향했다. 나는 버스 안에서 본사 인사팀 담당자와 통화를 시작했다. 분명 3월 21일로 연기를 했고, 그때 나와 대화를 나눈 사람의 인상착의부터 오리엔테이션에서 했던 말까지, 마치 녹취록을 읽듯 줄줄 설명했다. 내가 퇴사 처리되어 있는 건 분명 인사팀의 행정적 실수일 거라고, 나는 예정대로 오늘 입사해야 한다며 사자후를 토했다.

인사팀 담당자는 확인해 보겠다며 전화를 끊었다. 그리고 나는 그 상황에서도 버스 안에서 꿀잠을 잤다. 두 시간쯤 지났을까, 전화벨이 울렸다. "손창우 씨, 퇴사 취소하고 다시 입사 처리했습니다." 나 때문에 안 해도 되는 품의 올리고 결재받느라 늦었다는 툴툴거림과 함께, 담당자는 귀찮다는 듯 전화를 뚝 끊었다.

그렇게 나는 삼성전자 43기 27차 마지막 신입사원이 되었다.

본의 아니게 본사 인사팀의 역적이자 민폐남이 되어 전주연에 도착했다. 신입사원 명단을 확인해 보니, 출력물 맨 마지막 칸에 손글씨로 내 이름이 추가되어 있었다. 전체 인원수도 '186명'이라 적힌 부분이 화

난 듯 찍찍 두 줄로 그어져 있었고, 그 옆에 '187명'이라고 수정되어 있었다. 미안합니다.

그렇게 우리 187명은 강당에 모였다. 카리스마 넘치던 주진행 선배님이 연단에 올라와 한 명 한 명 이름을 호명하며 아이컨택을 했다. 젤 마지막에 손글씨로 써 넣은 손창우를 부르셨을 땐, '네가 그 놈이냐?'란 눈빛을 보내셨다. 이후 선배님은 합숙 기간 동안의 주의사항을 이것저것 말씀하시고, 마지막으로 숙제를 체크하셨다.

삼성에는 신입사원 입사 전 숙제가 있었다. 나도 오리엔테이션에서 들은 것 같은데, 입사가 연기되면서는 아예 숙제가 있었다는 사실조차 까맣게 잊고 있었다. 주진행 선배님의 질문은 "숙제 다 하셨죠?"가 아니라, "설마 숙제 안 해 온 사람은 없겠죠? 혹시 숙제 안 해 온 사람?"이었다. 나는 제일 앞줄에 앉아 있었는데, 큰 죄책감도 없이 손을 번쩍 들었다. 그런데 순간 분위기가 싸해졌다. 뒤를 돌아보니 숙제를 안 해 온 사람은 나뿐이었다. 아, 다들 진짜 숙제를 해 왔구나. 연단을 보니 주진행 선배님은 정말 어이없다는 표정으로 날 보며 싸늘하게 한마디 했다. "또 너냐?"

그렇게 2003년 3월 21일, 나의 사회생활이 시작되었다.

삼성 그룹 입문 교육

내가 문자 그대로 막차를 타고 합류한 43기 27차수는 대부분 삼성전자에 입사 예정인 공대생들이었다. 상대생 중에서도 체대스럽게 학교를 다닌 내게, 공대 친구들과의 4주 합숙은 참 신선한 경험이었다. 다들 외모는 수더분했고, 농담조차 순박했다. 회의에서 각자의 전공 얘기가 나오면 브레이크 없이 질주해 내용이 안드로메다로 빠지곤 했지만, 특유의 학구열과 성실함 덕분에 어느새 훌륭한 결론에 도달해 있곤 했다. 그렇게 수학과 과학과 체크무늬 남방을 사랑하던 그들과 연극도 하고, 퍼포먼스도 하고, 물건도 팔고, 왕게임·마피아 게임도 하며 내 인생에서 가장 즐거웠던 4주 중 하나를 보냈다.

프리젠테이션

돌이켜 보면 내 인생의 터닝 포인트가 몇 번 있었는데, 그중 하나가 바로 이번 교육 기간에 찾아왔다. 터닝 포인트라는 말로도 부족하다. 타임머신을 타고 과거의 한 날로 돌아갈 수 있다면, 꼭 다시 가 보고 싶은 날이 째깍째깍 다가오고 있었다.

지금부터의 이야기는 그동안 나만의 비밀로 꼭꼭 숨겨 두고 있던 스토리다. 당시 내가 가장 두려워한 것은 호환마마도, 날아다니는 바퀴벌레도, 소개팅에서의 침묵도 아니고 다름 아닌 프레젠테이션이었다. 아무에게도 들킨 적은 없지만, 사실 나는 프레젠테이션 공포증이 있었다.

대학교 1~2학년 때는 발표할 일이 거의 없었다. 아주 가끔 프레젠테이션이 필요한 수업이 있었지만, 그때 내가 신경 쓴 건 발표 자체가 아니라 사투리였다. 내가 청중으로 앉아 들어 보니, 누군가 사투리를 팍팍 쓰면서 발표하면, 내용과 상관없이 왠지 없어 보였다. 그래서 내가 앞에 나가 발표를 하게 되면 억지로 서울말 비슷하게 하려 들 텐데, 그럼 친구들이 "그거 서울말 아니거든?" 하고 키득거릴 게 뻔히 보였다. 그게 싫어 발표는 피했다.

다시 3학년으로 복학한 후, 회계 기피자로서 마케팅 관련 수업 위주로 듣다 보니, 대부분의 과목에 조별 과제와 발표가 있었다. 피나는 노력 끝에 이제는 서울 토박이들 사이에서도 박수받을 만큼 서울말을 쓸 수 있게 됐지만, 이번엔 Q&A가 문제였다. 우리 과엔 입심 센 애들이 워낙 많아서, 누군가 발표를 하면 Q&A 시간에 살모사가 제 어미를 잡아먹듯 잘근잘근 씹어 대곤 했다. 나는 그들의 사냥감이 되기 싫어 발표를 피해 다녔다. 그렇게 3학년도 무사히 프레젠테이션 한 번 없이 넘겼다.

그리고 4학년. 당시 나는 노랗게 탈색한 짧은 머리에 Yonsei Boxer 티셔츠를 입고 다니는 활기찬 캐릭터였다. 그러다 보니 어느 순간부터 다들 내가 발표를 아주 잘할 거라 기대하기 시작했다. 게다가 수업마다 복성부 후배들이 있어서, '주장 형, 멋진 모습 보여 주세요' 하는 눈빛을 보냈다. 참 어렸다. 지가 무슨 셀럽이라고, 후배들 앞에서 망가지는 꼴 보이기 싫어 계속 프레젠테이션을 회피했다. 아니, 정확히 말하면 도망 다녔다. 조별 과제가 있으면 내가 자료를 도맡아 만들면서, 발표자 선정에서 자연스럽게 제외되도록 교묘하게 빠져나갔다.

그러다 마지막 학기, 경영전략 수업이었다. 여기까지 발표 한 번 없이 버텨 왔는데, 이번에도 조가 짜이고 업무 분담 시간이 찾아왔다. 그런데 웬일인지 전부 발표하기 싫다며 눈치를 보는 게 아닌가. 결국 공평하게 사다리를 탔는데, 아뿔싸, 내가 걸렸다. 고스톱을 쳤어야 했다. 비상사태였다. 이번만큼은 빼도 박도 못하는 상황이었다.

발표일이 다가올수록, 이게 뭐라고 불안이 날 잠식해 갔다. 겉으로는 태연한 척했지만, 속으론 완전 공포였다. 광장공포증과 제노포비아가 적당히 믹스된, 나만의 '프레젠테이션 포비아'였다. 그러다 나는 선을 넘어 버렸다. 너무 부끄럽지만, 조원들에게 거짓말을 해 버린 것이다.

"미안한데, 그날 면접이 잡혔어."

그렇게 나는 비겁한 수까지 쓰며 사다리 결과마저 뒤엎었고, 단 한 번의 프레젠테이션도 하지 않은 채 모든 수업을 마쳤다. 주목받는 걸 좋아하던 내가, 사실은 대학 시절 프레젠테이션 공포증을 앓고 있었다는 건 아무에게도 털어놓을 수 없는 나만의 비밀이었다.

그리고 삼성그룹 입문교육에 들어갔다. 앞서 말했듯 압도적인 공대생 차수였다. 우리 E팀 23명 중, 나를 제외한 22명이 공대생이었다. 각 프로그램마다 팀별 발표가 있었는데, 공대 친구들은 매번 나를 보며 이런 눈빛을 보냈다.

"발표가 뭔지 좀 보여 줘라, 인문사회 전공자."

나는 계속 빠져나가며 거절했지만, 결국 한 번은 해야 할 것 같았다. '그래, 어차피 한 번은 할 거, 차라리 시간을 벌자.' 그래서 제일 마지막 발표를 내가 하겠다고 선언했다. 그땐 그냥 타조처럼 머리만 모래에 박고 당장의 현실만 회피한 거지. 그런데 마지막 과정을 보니, 이름부터 토 나올 것 같은 '영어 프레젠테이션 경진대회'였다. 그것도 전문 강사와

교수들이 심사위원으로 참석해, 각 팀 대표 발표자들의 발표를 평가하고 피드백을 주는 자리였다. 심지어 영어라니.

 마지막 주가 다가올수록 나는 또다시 긴장에 휩싸였다. 게다가 놀랍게도 체크무늬 남방을 교복처럼 입던 공대 친구들조차, 막상 발표에 나서면 의외로 세련되게 잘했다. 그래, 삼성전자가 괜히 저 친구들을 뽑았을까. 나는 겉으로는 웃으며 박수를 쳤지만, 속으로는 점점 수렁에 빠져드는 기분이었다.

 프레젠테이션 경진대회는 자유 주제였다. 그래서 나는 가장 자신 있게 말할 수 있는 주제를 골랐다. 바로 복싱! 우선 스크립트를 짰다. 자기소개 → 복싱 소개 → 직접 쉐도우 복싱을 하며 설명 → 마무리 발언. 이런 순서였다. 물론 처음엔 한글로 썼다. 그리고 복싱 동아리에서 영어를 담당하던 해외파 후배에게 영작을 부탁했다. 역시나, 단 몇 분 만에 영문 스크립트가 답장으로 날아왔다.

 모든 일과를 마치고 숙소로 돌아오면 밤 12시나 1시쯤. 네 명이 한 방에서 30분 정도 시시껄렁한 잡담을 나누다 잠들면, 나는 조용히 스크립트를 들고 몰래 빠져나왔다. 5분쯤 살금살금 걸어 어두컴컴한 대강당으로 들어갔다.

 처음 연단에 섰을 때가 아직도 생생하다. 빈 의자 200개가 날 "그동안 잘 도망다녔지? 이제는 끝이야"라는 듯 무섭게 쳐다보고 있었다. 그 순간부터 나는 혼자 연습을 시작했다. 하루 한두 시간씩. 처음엔 웅얼거리며 했지만, 인근 100미터 안엔 아무도 없다는 걸 확인한 뒤부터는 큰 소리로 연습을 했다. 표정, 동선, 제스처, 손동작, 시선, 목소리, 톤, 심지어 애드리브까지, 미친 듯이 연습했다. 입문교육 시간에도 쉬는 시간마다 비상구로 몰래 나가 연습했다. '이 정도면 됐다' 싶을 때가 왔지만, 그 이후로도 최소 50번은 더 예행연습을 했다. 그렇게 반복하다 보니, 처음엔 날 비웃는 듯 보이던 빈 의자들이 어느 순간부터는 박수 치고 웃어주는 것처럼 보였다.

드디어 D-Day.

교수와 전문가들이 근엄한 표정으로 앉아 평가서에 뭔가를 끄적이고 있는 가운데, 각 팀의 프레젠터들이 차례로 발표를 시작했다. 역시 다들 놀라울 만큼 잘했다. 그중엔 지금도 친구인 형준이와 은경이도 있었다. 그리고 마침내 대망의 내 차례가 왔다.

나는 이미 수십 번 올라와 익숙해진 그 연단에 다시 섰다. 눈앞을 바라보니, 얼마전까지 나를 조롱하듯 침묵하던 200개의 의자들이 이제는 환호를 보내는 듯했다. 무대 위에서 나는 손에 붕대를 감고, 가볍게 몸풀기 쉐도우 복싱을 하자, 아래에 앉아 있던 동기들은 마치 챔피언을 맞이하듯 열광하고 있었다. 뭐지, 이 편안함과 짜릿함은? 발표를 시작하기도 전에 이미 나는 구름 위에 서 있는 기분이었다.

대부분 스크립트를 보며 발표했지만, 나는 이미 다 외운 상태에서 50번 이상 연습한 터였다. 버벅거리거나 말이 씹힐 리가 없었다. 발표 도중에도 느껴졌다.

"와, 나 지금 진짜 잘하고 있구나."

나는 무대에서 한껏 기세를 올려 쉐도우 복싱을 했고, 동기들은 응원단처럼 환호하며 응답했다. 발표를 마치고 심장이 쿵쾅거리던 채로 자리로 돌아오니, 동기들이 환호하며 "와, 역시 상대 출신은 다르네" 한마디씩 건넸다. 그리고 평가자 중 한 분이 이렇게 말했다.

"내가 수년간 삼성그룹 PT 경진대회 심사를 하면서 본 프리젠테이션 중에, 이만큼 완성도 높은 발표는 없었습니다. 최고였습니다."

나는 꿈을 꾸는 것 같았다.

그때 친구들은 내가 상대생이라 잘한 줄로만 알고 있었다. 학창 시절부터 프레젠테이션 훈련을 많이 받아서, 원래 그런 줄로 생각했을 것이다. 하지만 아무도 몰랐다. 그 무대 위에서 내가 공포심과 사투를 벌였다는 것을. 매일 밤 몰래 한 시간씩 연습했고, 못 하기가 어려울 만큼 많은 예행연습을 했다는 것을. 그 과정 속에서 공포심을 극복했을 뿐 아니라, 오히려 프레젠테이션을 좋아하는 나 자신을 발견할 수 있었다. 내가 스스로를 칭찬하는 경우는 드문데, 그때 일주일 동안 잠을 줄여 가며 수없이 연습했던 나는 지금도 참 대견하다.

그날 이후, 나는 '프레젠테이션을 정말 잘하는 사람'이 되고 싶었다. 커리어상 발표할 일은 많지 않았지만, 억지로라도 기회가 생기면 무조건 손을 들었다. 피크는 잠시 시간을 건너 뛰어 대학원 시절이었다. 2011~2012년, 모교의 야간 MBA를 다녔는데, 대부분의 수업에 발표가 있었다. 발표 주제가 뭐가 됐든 상관없었다. 나는 무조건 발표를 자원했다. 동기들이 매번 발표자로 나서는 나를 신기하게 생각했을지도 모르지만, 그건 잘해서도, 관심 받고 싶어서도, 남들보다 주제를 잘 알아서도 아니었다. 그저 발표를 잘하고 싶었고, 그래서 연습하고 싶었을 뿐이다.

그렇게 MBA 2년 동안 총 12번의 발표를 했다. 할 때마다 친한 동생들이나 PT 전문가 형들에게 피드백을 받았다. 과정은 즐거웠다. 발표를 하면서 나는 늘 구름 위를 걷던 그 날을 떠올렸다. 잘한 날도 있었고 아쉬운 날도 있었지만, 확실한 건 발표할 때마다 조금씩 더 성장하고 있었다는 것이다.

발표는 더 이상 공포가 아니라, 내가 스스로 성장하는 가장 확실한 무대였다.

삼성전자 디지털플라자

신입사원 입문교육을 마친 뒤, 나는 지원한 국내 영업사업부 소속이 되었다. 내가 국내 영업사업부를 선택한 이유는 아주 단순했다. 공채 지원서에 삼성전자 각 총괄들이 쭉 나열되어 있었는데, 그중 서울 주소가 찍혀 있는 곳은 국내 영업사업부뿐이었다. 나머지는 수원, 기흥, 구미 등이었고, 어린 마음에 무조건 서울에서 근무하고 싶었던 것이다.

배치를 받고 보니, 원래 1월 6일에 입사한 동기들은 이미 다 부서를 배정받은 상태였다. 그런데 나처럼 애매하게 추가 입사한 10명은 부서를 못 받고, 교육을 빙자해 잠시 '대기조' 신세를 지고 있었다. 그러다 우리가 맡게 된 것이 파일럿 프로젝트였다. 바로 삼성전자 전속 대리점이었던 리빙프라자에서의 10주간 판매 실습이었다. 우리 10명을 시험 삼아 매장에 투입해 보고, 효과가 괜찮으면 앞으로 모든 신입사원 교육에 확대 적용하겠다는 계획이었다.

 난 입사 당시 주소가 장위동으로 되어 있어서, 리빙프라자 군자점에 배치되었다. 거기서 실제 판매사원 역할을 하며 하루하루 일지를 인사팀 담당자에게 보냈고, 그 결과를 임원들 앞에서 발표하기도 했다. 심지어 우리가 쓴 일지가 모아져 책으로 엮여 전 사원들에게 배포되는 프로젝트로까지 이어졌다.

 처음엔 하루 종일 서 있는 게 가장 힘들었다. 게다가 주중 하루 쉬고 주말에 빡세게 근무해야 하는 스케줄도 꽤 불만스러웠다. 출출해서 치킨을 시켜도, 손님 응대하느라 먹지 못하고 결국 서터 내린 뒤 식어 빠진 치킨을 씹어야 했다. 그만큼 매장엔 손님들이 끊임없이 몰려들었지만, 우리 10명은 그 속에서 차츰 적응해 갔다.

 내가 일하던 때가 여름이라, 가장 많이 팔린 건 단연 선풍기였다. 모델명은 아직도 기억난다. SF-35GB2. 제일 싼 기본형이었는데, 하루에도 20~30대씩 팔았다. 선풍기를 사러 오는 사람들은 멀리서도 한눈에 알 수 있었다. 그들은 좀비였다. 더우면 샤워 한 번 하고, 그래도 덥다 싶으면 수박을 한 통 먹고, 그다음 날에도 더우면 낮엔 닭 한 마리 잡아 먹고, 밤에도 덥다 싶으면 부부싸움 한 판. 그렇게 사흘쯤 더위와 사투를 벌이다 결국 선풍기를 사러 매장으로 온다. 다크서클이 입술까지 내려와서는, 거의 좀비처럼 휘청휘청 들어오는 것이다.

 급한 사람들은 대체로 박스를 뜯고, 그 자리에서 조립해 달라고 한다. 그래서 내 하루 일과의 절반은 선풍기 조립이었다. 조립이 끝나면 박스도, 설명서도 다 필요 없고, 조립된 선풍기만 달랑 들고 다시 좀비 모드로 걸어 나간다.

세일즈 토크에도 나름 요령이 붙으면서 이런 대화가 오갔다.

여자 손님: (지펠 양문형 냉장고를 보며) 이거 정말 갖고 싶긴 한데, 비싸긴 하네요.

나: 비싼 만큼 값어치를 하죠. 블라블라~ (Sales Guide에 나와 있는 대로 제품 설명)

여자 손님: 확 그냥 사고 한 번 칠까? 이거 지금 질러 버리고, 비싼 거 샀다고 뭐라 하면 이혼해 버려?

나: 네, 그럼 저도 사고 한 번 치죠 뭐. 말도 안 되게 싸게 드릴게요. 저도 위에서 뭐라 하면 그냥 그만두죠 뭐.

San Diego Marriott 호텔에서는 통하던 이런 느끼한 멘트들이 군자 지역에서는 전혀 먹히지 않았다. 아, 역시 난 강남 스타일이었구나.

우리 10명의 파일럿은 성공적이었고, 이후 국내영업사업부의 모든 신입들은 리빙플라자 실습을 거친 후 부서로 배치 받게 되었다.

마케팅팀 디지털정보사업그룹

리빙프라자에서의 10주 실습을 마치고, 내가 처음 발령받은 곳은 삼성전자 국내영업사업부 마케팅팀 디지털정보사업그룹이었다. 모니터,

프린터, HDD 같은 컴퓨터 주변기기 제품들의 마케팅을 담당하는 부서였다. 마케팅팀 안에서도 냉장고, 세탁기, TV, 에어컨 등 가전 품목 담당과 비교하면, PC·모니터·프린터 같은 IT 품목 담당은 분위기가 훨씬 '군대식'이었다. 야근은 압도적으로 많았고, 선후배 간 위계질서는 확실했으며, 회식 문화도 거칠었다.

그곳에서 모셨던 분들은 지금도 내 사회생활에서 가장 강하게 기억에 남아 있다. 일은 정말 많았고, 일당백 선배들의 속도를 따라가기엔 내 CAPA가 늘 모자랐다. 약한 주량으로 술자리까지 버텨 내는 것도 쉽지 않았다. 하지만 그 과정에서 직장인으로서의 자세, 그리고 일에 대한 기본기만큼은 누구보다도 제대로 배웠던 시간이었다.

그 시절 본관 출근 시간은 아침 8시였다. 내가 조금이라도 늦는 날이면 가차 없었다. 8시 정각에서 고작 10초만 지나도 어김없이 전화가 울렸다. 주로 승현이 형이나 석표 형이었다.

"너 지금 어디야?"

"네, 죄송합니다. 1분 후에 도착할 것 같습니다."

마치 1분 지각이 군대에서 총기 분실 사건이나 코스피 서킷브레이커 발동 같은 사건이던 시절이었다

출근 시간은 8시였지만, 선배님들은 늘 7시 30분 전후로 이미 자리에 앉아 계셨다. 막내였던 나는 그 전에 부서 매출 현황표를 책상마다 깔아 두어야 했다. '수주일보'라 불린 자료였는데, 데이터베이스에 쿼리를 걸어 품목별·유통별 데이터를 뽑아 A4 한 장에 빼곡하게 채우는 데만 30분이 걸렸다. 그래서 내 출근은 매일 6시 30분에서 7시 사이였다.

밤 8~9시에 퇴근하는 날 인사는, "선배님, 죄송한데 오늘은 먼저 좀 들어가 보겠습니다. 시키신 일은 내일 새벽에 와서 마무리하겠습니다. 죄송합니다."일 정도로 야근이 당연시되던 시절이었다. 월간 전략, 분기 전략, 반기 전략, 내년도 경영 전략, 컨틴전시 전략, 신제품 론칭 전략, SCM 수요예측 등 일이 끝없이 이어졌다. 우린 보고서를 찍어 내는 기계였다. 그러다 보니 주말 이틀을 온전히 다 쉰 적은 거의 없었다.

어느 날은 새벽까지 야근을 하고, 집에 가 잠깐 눈을 붙인 뒤 다시 출근길에 택시를 탔다. "아저씨, 디지털정보사업그룹 가주세요"라고 말하곤 그대로 뻗어 버렸다. 그런데 기사님이 5분쯤 지나서야 나를 흔들며 물으셨다.

"손님, 어디 가신다고요?"

과연 그 5분 동안 기사님은 어디를 향해 달리고 계셨던 걸까.

그렇게 진하게 보낸 나의 첫 3년이었다. 지금도 가끔 그 시절이 그립다. SAP을 열어 BEX를 돌리며 자료를 뽑고, 금요일마다 수요예측 회의와 판촉 회의를 하고, 주말마다 보고서를 만들고, 매주 월요일이면 실적 분석을 하던 날들. 힘들었지만 그 속에서 부딪히며 배웠고, 함께했던 선배님들의 얼굴도 문득문득 떠오른다. 다들 잘 지내시죠?

마케팅팀 막내

삼성전자 마케팅팀 막내 시절은 정말 터프했다. 아침에 출근하면 그날 해야 할 업무를 수첩에 적고 시작했는데, 한 시간은 족히 걸릴 법한 일들을 최소 10~15개씩 써 내려갔다. 그리고 업무가 시작되면 식사 시간을 빼곤 단 10분의 아메리카노 타임도 없이, 손가락은 한메타자 800타 스피드로 자판을 두드리고, 마우스는 볼이 닳을 만큼 움직여 댔다.

하지만 끝없이 밀려드는 새로운 일들이 속속 차트에 진입하기 시작해, 그날 계획한 일을 전부 끝내고 퇴근한 적은 거의 없었다. 그래서 하루 종일 입에 달고 산 말은 늘 똑같았다.

"곧 보내 드릴게요."

물리적으로 모든 일을 다 처리할 수는 없었지만, 연차가 조금 쌓이면서 나름대로 우선순위를 두기 시작했다. 그런데 지나고 보니, 사원은 '판단'이란 걸 하면 안 되더라. 일의 우선순위는 결국 그 일과 연관된 분의 직급과 비례했다. 과장님과 대리님이 숨 넘어가며 "이거 진짜 급하다"고 맡긴 자료보다, 상무님이나 부장님이 느긋하게 "이거 한 번 정리해 볼래?" 하며 던져 준 호기심 해결용 자료가 훨씬 먼저 처리돼야 했다. 그게 내 정신 건강을 지키는 길이었다. 특히 타 부서에서 날아오는 긴급 협조 요청 따위는, 우리 부장님의 "오늘 회식 장소 좀 알아봐"라는 지시보다 훨씬 아래에 위치해야 했다.

워낙 스스로의 힘을 다시 불러일으키는 에너지가 많던 시절이라, 힘들어도 "그래, 열심히 해 보자"는 다짐을 사흘에 한 번 꼴로 했던 것 같다. 그래도 큰 스트레스 없이 이 시기를 버틸 수 있었던 건 함께 일하던 선배들 덕분이었다. 그분들은 "내가 사원 때는 말이야~"로 시작하는 꼰대 스타일이 아니라, 성격도 쿨했고, 하나라도 더 알려 주려는 진심이 느껴졌고, 직장생활에 대한 건강한 비전도 갖고 계셨다. 그러니 그분들이 내게 뭔가 일을 시켜도 억지로가 아니라, '이건 진짜 배우고 싶다'는 마음으로 기꺼이 할 수 있었다. 그래서 배울 만했고, 다닐 만했다.

우리 부서에서 취급하는 프린터와 모니터 품목의 백업 역할을 하다가, 곁눈질로 배운 풍월로 3년 차부터는 프린터 소모품 PM을 맡게 되었다. 사실 프린터 본체보다 소모품 매출이 훨씬 크다 보니, 월말만 되면 우리 부서의 경영계획 목표 달성을 위해 내가 힘을 내야 하는 상황이 자주 벌어졌다. 특히 경영계획비 95%~99%와 같이 아슬아슬하게 목표 달성이 안될 것 같은 달엔, 난 26~27일쯤 영업 담당 형님과 함께 용산 상가로 출동하곤 했다. 대리점 사장님들과 쌍화차 한 잔 기울이며 남은 숫자를 밀어내고 맞춰 오곤 했다.

2005년부터는 SCM 혁신 활동 덕에 월말 밀어내기 관행이 사라졌지만, 그 전까지는 매달이 작은 드라마였다. 유통을 돌며 추가 오더를 받아오고, 실적을 달성한 뒤 마감 예상치를 보고서로 올리고, 마지막 날 밤 12시까지 새로고침을 미친 듯 누르며 매출 금액이 오르기를 기다렸다. 그러다 12시 임박해 극적으로 출하가 이뤄져 Magic Number가 딱 달성되는 순간, 그때의 짜릿함이란! "예스!" 외치며 선배님들과 맥주 한잔하러 나가던 기억은 지금도 마케팅팀 시절의 소소한 재미로 남아 있다.

프린터 각 모델별 출시 이후 월별 판매 추이를 보면, 누적 판매 대수에 따라 그 제품에 맞는 정품 잉크·토너 사용량이 나온다. 그런데 제품 출시 1년 차가 지나면 소모품 판매가 눈에 띄게 줄기 시작한다. 줄어든 만큼은 정품 대신 재생 잉크나 리필 토너가 시장에 파고들었다는 뜻이었다. 그래서 겉보기엔 마케팅 이슈가 없어 보이는 소모품도, 사실은 "정품 사용 캠페인"을 벌이며 제법 많은 마케팅 비용을 쓸 수 있었다. 불법 재생 토너 생산공장을 급습하기도 했다.

당시 판촉물로는 주로 USB나 스피커 같은 전산 소모품 관련 아이템을 썼다. 그런데 난 '이건 너무 뻔하다'는 생각이 들어, 전혀 매치가 안 되는 던킨도너츠·커피 쿠폰·맥라이트 손전등·접이식 자전거 같은 걸 판촉물로 밀어붙였다. 기준은 단 하나. 그냥 내가 갖고 싶은 것! 심지어 접이식 자전거 추첨 이벤트는 네이버 배너까지 띄웠다. 그런데 신기하게도 아무도 왜 그런 판촉물을 골랐냐고 묻지 않았다. 만약 누군가 물었다면, 난 아마 이렇게 답했을 것이다.

"이거 갖고 싶지 않으세요?"

단언컨대, 정말 아무 생각 없던 시절이었다.

3년 차에 접어든 2005년 봄, 그룹 차원에서 초등학교 경제 교사 프로그램 지원자를 모집했다. 난 이걸 프레젠테이션 연습의 무대로 삼을 수 있겠다 싶었고, 또 애들이랑 노는 것도 재밌겠다 싶어서 지원했다. 그렇게 난 면동초등학교 6학년을 대상으로 한 달에 한 번 '경제 선생님'을 하게 되었다.

처음엔 6학년 감을 못 잡고, 수요곡선·공급곡선을 쉽게 풀어 설명할 요량으로 준비해 갔는데, 막상 애들은 아직 애기들이었다. 내가 칠판에 그래프를 그리자, "이 아저씨 지금 뭐 하시나?" 하는 표정으로 멍하니 쳐다봤다. 조금만 흥미를 잃으면 바로 딴짓에 돌입했다. 정말 산만했다. 그래서 난 결국 포기. "그냥 아무거나 물어봐라. 내가 대답해 줄게."로 방향을 틀었다.

지금도 기억에 남는 질문 하나.

"선생님, 지폐 만드는 회사에 다니면 지폐 마음대로 들고 나올 수 있어요?"

질문 레벨은 대체로 이랬다. 그래도 귀여웠다. 난 내 이메일 주소 'boxer@dreamwiz.com'을 칠판에 써 주며 궁금하면 언제든 메일 달라고 했다. 그러면서 물었다.

"얘들아, boxer가 무슨 뜻인지 아는 사람?"

그러자 공부 잘하게 생긴 여학생이 수줍게 손을 들며 말했다

"박스를 싸는 사람요"

난 너무 기특해서 박수까지 쳐 줬다. 그러자 바로 이어졌다.

"선생님, 왜 박스 싸요?"

"박스 몇 개 싸요?"

"이사했어요?"

세상의 모든 초등학교 선생님들을 존경하기로 했다.

그러고 보면, 난 항상 아이디에 boxer를 넣었다. 드림위즈 시절엔 내가 선점한 덕에 당당히 boxer만 쓰고 다녔지만, gmail에선 이미 사용 중이라 울며 겨자 먹기로 boxerstyle을 택했다. 그런데 한참 후에 강남스타일이 메가 히트를 치자, 다들 내가 그걸 따라 한 줄 알더라. 억울했다. 내가 먼저였다니까!

사실 내가 boxer를 좋아하는 선 복싱 때문이기도 하지만, 단어 자체가 쿨해서다. 가운데 딱 버티고 있는 X가 균형감을 잡아 주고, 묘하게

모던 레트로한 느낌까지 풍긴다. 멋있지 않나. 당시 Boxer처럼 멋있다고 생각했던 또 다른 단어가 TROMM이었다. 당시 난 Hauzen을 팔고 있었지만, 네이밍만큼은 TROMM을 부러워했다. 발음도 간지 나고, 글자 배열도 딱 떨어지고, 뭔가 세탁기가 아니라 전자 악기 같았다.

삼성그룹 입문교육 지도선배

삼성그룹의 신입사원 입문교육(SVP 과정)은 체계적이고 빡세기로도, 또 묘하게 재밌기로도 유명하다. 그 과정을 이끌어가는 사람이 바로 지도선배인데, 보통 3년 차 중에서 뽑는다. 공식 설명으로는 SVP에서 우수했던 자원을 체크해 놨다가 3년 차 때 투입한다는데, 꼭 그런 건 아닌 듯했다. 실제로 가 보면 "나 왜 여기 있는지 모르겠다"는 얼굴로 서 있는 친구들이 많았다. 사실 그냥 현업에서 보내라는 대로 보낸 것 같았다.

3년 차 막바지쯤, 지도선배 명단이 슬슬 돌기 시작했다. 난 예전부터 꼭 해 보고 싶어 내심 기대를 하고 있었는데, 여기저기서 "나 차출됐다"는 소식이 들려와도 정작 내 이름은 없었다. 순간 '우쒸, 내 지도선배가 날 안 찍어 줬나?' 싶어서 은근 삐쳤다. 그런데 어느 날 누군가가 내 이름이 명단에 있다는 제보를 해 줬다. 진짜? 반신반의하며 인사팀에 확인해 보니 진짜 있었다.

문제는 우리 마케팅팀이었다. 워낙 바쁘고 사람이 없어서 이제 막 사람 구실을 하기 시작한 사원 3년 차를 빼 주기가 아까웠던 거다. 그래서 인사팀에서 아예 "명단에 올랐지만 통보는 안 한다"는, 말도 안 되는 자체 판단을 내린 거였다. 순간 조직 순응형이던 나도 "이건 선 넘었다" 싶었다. 이 기회를 놓치면 내가 두고두고 후회할 것 같았다.

사실 지도선배를 하기 위해선 사전교육 2주, 실전 6주까지 총 8주 동안 현업에서 빠져야 했다. 마케팅팀 구조상 사원은 품목별로 딱 한 명씩 배치돼 있었고, 그 사원이 사실상 모든 저부가가치 업무를 다 도맡고 있었기에, 한 명만 빠져도 팀 전체에 꽤 큰 타격이었다. 그래도 난 가고 싶었다. 아니, 꼭 가야 했다.

그래서 잠시 머릿속에서 작전을 짠 뒤 인사팀에 전화를 걸었다. "부장님이 오케이 하셨으니 차출 협조 메일을 부장님과 제게 보내 주세요." …거짓말이라기보단, 오케이 받아 낼 자신이 있었던 셈이다. 곧바로 메일이 왔고, 난 부장님 자리로 돌격했다.

"부장님, 드릴 말씀이 있습니다."

3년 동안 단 한 번도 그렇게 진지하게 찾아간 적이 없던 터라, 하던 일을 멈추고 옆자리를 권하셨다.

나는 비장하게 자초지종을 설명했다.

"방금 인사팀에서 지도선배 명단을 그룹장님께 보냈을 겁니다. 인사팀에서 부장님께 미안해서 명단을 아예 안 보내려고 하길래, 제가 직접 말씀드리겠다고 하고 메일을 받았습니다."

부장님은 메일을 열어 꼼꼼히 읽으셨다. 내 말투가 워낙 엄숙하다 보니 '퇴사하겠다'는 선언이라도 나올 줄 알았는지, 표정이 점점 풀리며 안도하는 기색이 역력했다. 잠시 후 고개를 드신 부장님, 특유의 쿨한 톤으로 한마디 물으셨다.

"가고 싶냐?"

난 내 생애 세 손가락 안에 꼽을 만큼 비장한 표정으로, 굳이 말하자면 장화신은 고양이가 그렁그렁한 눈망울로 간절히 바라보는 그 장면 같은 표정으로 대답했다.

"네. 지도선배 꼭 가고 싶습니다."

그리고 준비해 간 말을 덧붙였다.

"정말 가고 싶긴 합니다. 하지만 부장님과 선배님들의 불편함과 희생을 강요하면서까지 가고 싶은 건 아닙니다. 우리 부서엔 사원 한 명이 꼭 필요하다는 것도 잘 알고 있습니다. 제가 지도선배를 다녀오는 동안 인사이동이 있을 텐데, 저를 다른 부서로 보내고 우리 팀엔 막내를 새로 뽑아 주시면 어떨까요? 저도 돌아와선 영업을 배우고, 우리 부서도 피해가 없을 방법일 것 같습니다."

이 말을 내뱉을 땐 나도 모르게 눈물이 핑 돌았다.

부장님은 잠시 날 바라보시더니, 인자한 얼굴로 인사팀에 "지도선배 파견 허락" 답장을 쓰셨다. 그리고 나를 향해 물으셨다.

"그럼, 넌 영업 어느 부서로 가고 싶으냐?"

난 주저하지 않고 대답했다.

"할인점 영업그룹으로 가고 싶습니다."

지도선배로 떠난 사이 예정대로 인사 발령이 났는데, 문제는 전혀 원하지 않은 부서였다. 잠시 패닉에 빠져 있는데, 부장님께서 직접 전화를 주셨다.

"내가 널 못 챙겼다. 미안하다. 잠시만 기다려라."

그리고 그다음 날, 부장님이 인사팀과 한바탕 하신 결과, 내 발령지는 내가 원했던 바로 그 할인점 영업그룹으로 바뀌어 있었다.

그렇게 난 부서 이동을 확약하며 46기 25차 지도선배가 되었다. 교육 장소는 우연히도 내가 신입사원 교육을 받았던 전주연. 신입 때 동기들과 밤새 낄낄대며 과제를 하고, 몰래 연단에 올라 복싱 PT를 연습하던 바로 그 무대였다. 3년이 지나 다시 찾은 그곳에서, 난 이제 신입사원이 아니라 지도선배였다. 지금 생각해 보면 신입이나 사원 3년 차나 다 귀여운 주니어들일 뿐인데, 그때 신입사원들 눈에 비친 지도선배는 달랐다. 마치 빌리진을 부르는 마이클 잭슨처럼, 감히 범접할 수 없는 카리스마의 화신이었다.

난 B팀 지도선배를 맡아 하루 3~4시간밖에 못 자는 강행군을 했지만, 전주에서 보낸 4주는 내 직장생활 통틀어 가장 행복한 시간이기도 했다. 지도선배는 너무 가볍게 보여선 안 됐기에 마이크만 잡으면 최대한 진지하게 했는데, 신입사원 200명이 내 말 한마디에 큭큭대며 웃을 땐, 본능적으로 개그본능이 살아나 위험한 순간도 있었다. 그래도 적당히 선을 지키며 과정을 진행했다. 그 시절, 몇 번 친 닭 드립 덕분에 붙은 내 별명은 '닭사마'였다. '사마'라는 존칭은 아무한테나 붙여 주던 게 아니었…다고, 난 지금도 믿고 있다.

삼성 생활의 한가운데, 오아시스 같던 지도선배 기간을 행복하게 보낸 뒤, 난 다시 8주 만에 현업으로 복귀했다. 마치 짧은 휴가를 다녀온 듯했고, 나의 자리는 정든 마케팅팀을 떠나 전략유통 할인점 영업그룹으로 바뀌어 있었다.

내가 할인점 영업팀을 강력하게 요청했던 이유는 여러 가지가 있었다. 당시 할인점은 전체 유통 경로 중 가장 핫하게 떠오르는 채널이었다. 게다가 무엇보다 큰 매력은, 그곳엔 나와 비슷한 또래들이 주축을 이루고 있었다는 점이었다. 마케팅팀에서는 내가 압도적인 막내였지만, 할인점 영업팀의 주력 멤버들은 윤형준, 송희선, 임재현, 송미영, 최범진, 최고운, 주혜원 등 모두 내 동기 혹은 후배들이라, 상대적으로 훨씬 젊고 유쾌한 분위기 속에서 웃고 떠들며 스타트업처럼 일할 수 있었다.

우린 이마트, 홈플러스, 롯데마트, 까르푸, GS마트, 메가마트, 코스트코 등 굵직굵직한 할인점을 하나씩 맡아 바이어와 협상하고, 제품 코드 따고, 행사 기획하고, 가격 세팅하고, 매장에 정책을 내려 주고, 판매사원들까지 챙겼다. 그리고 주말이면 어김없이 LG와의 진검승부가 펼쳐졌다.

하지만 솔직히 말해, 우리의 진짜 경쟁상대는 LG라기보다는 우리 자신들이었다. 고병욱을 축으로 한 하이마트, 전자랜드 같은 유통과의 경쟁도 물론 있었지만, 실제 전장은 바로 할인점 내부였다. 각자 맡은 할인점에서 숫자를 뽑아내기 위해, 동료이자 친구인 우리끼리 매주 치열하게 등에 칼을 꼽으며 전쟁 아닌 전쟁을 치러야 했다.

예를 들면 이런 식이다. 당시 가장 많이 팔리던 지펠 냉장고 보급형 모델 SRS576TCH의 가격은 109만 원이었다. 그런데 어느 할인점 한 곳이 전단에 99만 원으로 노출시켰다? 그 순간부터 전쟁 시작이다. 말 그대로 울고 싶은 놈 뺨 때려 주는 격.

다음 주가 되면 모든 할인점 전단에 그 모델은 99만 원에, 거기다 상품권 행사까지 붙어서 나갔다. 그러면 우리는 마케팅팀에 불려 가고, 하이마트·전자랜드·홈쇼핑·온라인·전속 대리점 등 타 유통에서 쏟아지는 클레임에 시달려야 했다.

물론 이런 유통별 가격 전쟁도 있었지만, 우리끼리의 호흡과 전우애는 각별했다. 지금도 우린 여전히 '할애비'라는 이름으로 우정을 나누고 있다. (대체 '할애비'가 무슨 줄임말인지는 아무도 모른다) 모임의 화제는 늘 똑같다. 당시 치열했던 유통 전쟁, 그 와중에 터졌던 별별 에피소드들, 그리고 깨알 같은 뒷담화. 언제나 배꼽 잡고 웃다 보면, 그 시절이 다시 살아난다.

정효와의 동거 생활

정효와 나의 약수동 생활은 2년이 채워지고 있었다. 보통 내가 정효보다 일찍 출근했고, 정효가 나보다 늦게 퇴근했다. 정효의 출근시간이 늦은 편도 아니었고, 나도 매일 야근의 연속이었는데 주말에서야 얼굴을 보게 될 경우가 많았던 걸 보면, 둘 다 주당 80시간 이상씩 일했던 것 같다. 둘 다 돈을 벌고 있었지만 이유는 모르겠으나 우린 항상 궁핍했다. 가끔 밤에 라면을 끓여 먹을 때 계란 하나만 있으면 참 행복할 것 같다는 생각을 하던 시절이었다. 하지만 계란 한 판을 사 놓으면 다 못 먹고 버리기 일쑤였고, 우리 집은 정말 더워도 너무 더워서 가끔 먹다 남은 계란에서 병아리가 튀어나올 것 같은 기분이 들기도 했다.

정효는 생선을 먹지 않았다. 남자 둘이 사는 집에서 생선을 구울 일은 별로 없어서 큰 문제는 없었다. 어느 날 정효에게 왜 생선을 싫어하는지는 물어봤더니 별 이유는 없지만 생선이 싫다고 했다. 그런데 그 질문을 할 때 우린 쥐포를 먹고 있었다. 쥐포도 생선인데 이건 왜 먹냐고 물어봤더니, 정효는 태연하게 말했다.

"쥐포는 쥐(mouse)라고 생각하고 먹는다."

그 순간 확신이 들었다. 정효는 천재일까 바보일까 항상 미스테리였는데, 데리고 살아보니 후자일 가능성이 점점 높아지는 것 같았다.

약수동 집에서의 몇 가지 일상들이 생각난다. 우린 매주 집 앞 세탁소에 와이셔츠를 맡겼다. 와이셔츠 개당 2,000원 할 땐 직접 다려서 입었는데, 개당 1,000원짜리 세탁소를 새로 발견했을 때 우린 마치 로또 2등에 당첨된 것처럼 까무러치게 좋아했고, 그 이후론 매주 맡기기 시작했다. 가끔 와이셔츠를 찾아오는 걸 깜빡할 경우엔, 입었던 와이셔츠를 다시 다려 입고 나가곤 했다. 그땐 양복도 그렇게 자주 드라이해야 하는 줄 알고 일주일에 한 번씩 드라이를 맡겼다.

난 퇴근하면서 Natuur 아이스크림을 자주 사 왔다. 하겐다즈가 더 맛있었지만, 습관적으로 제일 비싼 거엔 손이 가지 않았다. 정효는 맥주와 쥐(mouse)포를 자주 사 왔고, 일찍 퇴근한 날엔 내게 '와이셔츠 좀 찾아도', '담배 하나만 사도' 같은 문자를 보내곤 했다.

우리 집의 불문율은 자다가도 맥주가 들어오면 무조건 함께 마셔야 한다는 것이었다. 하루는 내가 맥주에 Lotus 과자를 안주로 사 갔더니, 정효가 "맥주 안주로 Lotus 과자를 먹는 사람은 전 세계적으로 0.3%도 안 될 거다"라고 했다. 누가 글로벌 리서치 회사 다니는 사람 아니랄까 봐, 정효는 이런 사소한 대화에도 구체적인 수치를 즐겨 넣었다. 그러고는 못 참고 다시 나가 쥐포를 사 왔다. 지금은 양주에 과일 안주를 곁들여도 아무런 감흥이 없지만, 그때는 맥주에 쥐포만 있어도 20대 후반 청년 둘의 기분을 충분히 업시키고도 남았다. 물론 난 맥주 반 캔이면 족했고, 내가 남긴 반 캔은 늘 싱크대가 맛있게 마셔 줬다.

둘 중 한 명이 진탕 술을 마시고 들어온 날은 자고 있건 말건 주저리주저리 술꼬장을 부리다 각자 방으로 돌아가곤 했다. 하루는 내가 술을 퍼 마시고 들어간 날, 새벽에 눈을 떠 보니 나는 정효 침대에서 양복을 입은 채 자고 있었고, 정효는 침대 밑에서 웅크린 채 자고 있었다. 순간 딱하다는 생각이 스쳤지만, 귀찮아서 그냥 그대로 눕혀 뒀다.

우리 집은 악어와 도마뱀이 살아도 될 만큼 습했다. 빨래를 널어도 꿉꿉함이 빠지질 않아 나는 물먹는 하마 열 통을 사 와 방 구석구석에 깔아 놨다. 그 후로 내 방은 사막처럼 건조해졌고, 내 몸까지 항상 수분이 부족한 기분이었다. 물먹는 하마는, 물만 먹는 게 아니라 사람까지 탈수시키는 듯했다.

우리 집은 여름에 정말 더웠다. 그래서 우린 지인으로부터 벽걸이형 에어컨을 하나 얻었다. 실외기 일체형이라 덩치가 무지하게 크고 무거운 녀석이었다. 앞으로는 에어컨 바람을 내뿜고, 뒤로는 뜨거운 열기를 뿜어 냈다. 우린 낑낑대며 끌어다 베란다 문 사이에 끼워 넣고, 위쪽은 침대보를 벗겨서 막아 버렸다.

전기를 포항제철 용광로만큼 먹을 것 같은 굉음을 내며 돌아갔지만, 처음 에어컨을 틀었을 때의 시원함과 행복감은 이루 말할 수 없었다. 침대보 뒤에 숨겨진 뒷면에선 뜨거운 바람이 베란다로 뿜어져 나왔고, 베란다는 순식간에 한증막이 되었다. 덕분에 베란다에 걸어 둔 빨래는 한 시간 만에 뽀송하게 말랐다.

겨울이 되면 방향을 바꿔 베란다 쪽으로 찬바람을 쏘고, 방 안으로는 뜨거운 뒷바람을 불어넣으면 되겠다며 신나했다. 이 정도면 레오나르도 다빈치가 노트에 적어 두고 싶어 할 만한 발상이지 않았을까.

어느 날 TV를 보는데, 박신양이 〈파리의 연인〉에서 〈사랑해도 될까요〉를 피아노 치며 불렀다. 안 그래도 피아노를 살까 말까 몇 년째 고민만 하고 있었는데, 마땅히 둘 공간도 없고 너무 비싸서 망설이고 있었다. 그런데 신양이 형님이 울고 싶은 놈 귀싸대기를 제대로 후려쳐 주셨다.

그다음 날, 난 낙원상가에 갔고 YAMAHA 디지털피아노를 질렀다. 당시 내 월급통장에 꽂히던 돈이 200만 원이 안됐는데, 거금 130만 원을 주고 샀다. 태어나서 처음으로 6개월 할부란 것도 해 봤다. 문제는 우리 집까지 이어지는 좁디좁은 계단 통로가 마치 피아노 반입을 거부하는 듯 평소보다 더 좁게 버티고 있었다. 아하, 이걸 계산 못했네. 서로 '각이 안 나온다!'를 외쳤고 땀은 비 오듯 흘렀고 피아노는 벽에 부딪혀 으르렁거렸다. 피아노 사자마자 버리고 싶어지다니. 이건 피타고라스가 와도 각이 안 나올 듯했다. 그때 정효가 장신을 이용해 대각선으로 들어 올려 돌려내는 묘기를 부렸고, 몇 번의 비명 같은 긁힘 소리를 남긴 끝에, 마침내 피아노는 영광의 상처를 가득 안은 채 집 안에 발을 들였다. 신양이 형님, 여럿 죽을 뻔했습니다. 다음에는 하모니카나 불러 주세요. 그 피아노는 얼마 전까지 우리 집 한쪽 구석에서 첫 날의 상처를 문신처럼 지낸 채 20년 살다가, 한 음씩 뻑사리를 내더니 얼마전 베토벤과 모짜르트가 기다리고 있는 무지개 너머의 그곳으로 떠나셨다.

이 시절 신용카드도 잘 안 쓰고 현금을 쥐고 다니며, 돈이 없으면 없는 대로 그냥 사는 시절이었다. 내 인생에 절대 잊히지 않는 음식 세 번이 있다. 하나는 앞서 언급했던, 준호 성진이랑 자취방에서 동전 긁어모아 사 먹었던 300원짜리 사발면, 그리고 또 하나는 바로 이 약수동 집에서였다.

하루는 야근을 마치고 집에 돌아오는데 배가 너무 고팠다. 조금이라도 일찍 퇴근하려고 저녁도 안 먹고 버티다가 시계를 보니 어느새 11시. 배는 쥐어뜯듯 고픈데 지갑은 바람만 불었다. 편의점에 들러 삼각김밥이라도 사 먹으려 했지만, 뎅장, 돈이 없었다. ATM기는 이미 서비스 종료.

혹시 정효가 먹다 남긴 쥐포라도 있지 않을까 하는 희망으로 집 문을 열었는데 와우! 싱크대 위에 피자 상자가 떡하니 놓여 있는 게 아닌가. 정효는 입맛이 조선시대라 피자 같은 건 거들떠도 안 보는데, 그 집에 피자 상자가 있다니 말도 안 되는 상황이었다. 난 "제발~ 제발~"을 속으로 외치며 빡스를 살포시 열었고, 그 안에는 피자 두 조각과 소스, 치즈, 피클까지 고스란히 남아 있었다.

당시 우리 집엔 전자레인지조차 없어서 차갑고 딱딱해진 피자였지만,

배 곯고 야근 후 먹은 그 두 조각은 영혼까지 털릴 만큼 맛있었다. 이제 누가 송로버섯이랑 캐비어를 올려서 피자를 내온다 해도, 그날의 피자 맛은 절대 못 따라올 거다.

그리고 마지막 음식은 시간을 거슬러 99년 겨울쯤이었다. 세 번의 음식 중 하나만 꼽으라면 아마 이걸 선택할 것 같다. 당시 류지훈, 정현철, 변성준, 김동권과 스키장을 갔다. 밤 12시에 출발해 새벽 5시에 도착, 다섯 명이 차에서 새우잠을 자고는 아침 개장 시간에 맞춰 스키장으로 들어갔다.

그제야 우리는 서로 돈 얼마 가져왔는지 확인했는데, 거지 같은 놈들 진짜 돈을 안 가져왔다. 주머니를 탈탈 털어 모아 봤더니, 우리 다섯 명이 종일권을 사는 데 정확히 500원이 부족했다. 다섯 시간이나 차를 타고 스키장에 왔는데 고작 500원이 없어서 입구에서 막히다니, 정말 어이없었다. 우린 가위바위보 진 사람이 매표소에 가서 "사장님, 제발요" 하고 빌어 보자며 걸어가던 중이었다. 그런데 그 순간, 바닥에서 번쩍— 거짓말처럼 500원짜리 동전이 딱 굴러다니고 있었다. 다섯 명은 말도 안 되는 행운에 환호성을 질렀다.

그때부터 우린 신나게 스키를 탔다. 하지만 돈이 없어서 아무것도 먹지 못했다. 돌아오는 차 안, 배고픔은 완전 고문 수준이었다. 꼬르륵 소리가 아카펠라 돌림노래처럼 들렸다.

그 지경이 되자 우리 다섯은 허기 진 하이에나 떼처럼 차 안을 뒤지기 시작했다. 차를 갓길에 세우고 의자 밑, 트렁크 안, 가방 안을 샅샅이 뒤졌더니 동전들이 하나둘 발견되기 시작했고, 1000원 정도를 모았다. 우린 그 돈을 들고 시골 가게로 달려가 크라운 산도 딸기맛 한 통을 샀다. 포장지를 뜯는 순간부터 승리의 팡파레가 울렸고, 사이좋게 산도 하나씩 입에 넣자마자, 혀 끝에서 천국의 불꽃놀이가 펼쳐졌다. 무언가를 먹고 귓가에 종이 울린 건 그때가 처음이자 마지막이었다.

2004, 서울시 마포구 공덕동

약수동 집 계약기간 2년이 다가오자 우리는 슬슬 다음 집을 고민하기 시작했다. 둘이 함께 사는 건 늘 재미있었으니, 다시 같이 사는 건 아무 문제가 없었다. 다만 이제는 둘 다 돈도 좀 버니, 통돌이 세탁기가 덜그럭대고 낡은 일체형 에어컨 바람 속에서 지내는 집 말고 조금 더 괜찮은 집에서 살아 보고 싶다는 욕심이 생겼다.

이번엔 지도 따위를 펴 놓고 후보지를 고르진 않았다. 정효 회사가 있는 여의도와 내 회사가 있던 시청, 그 중간쯤에 괜찮은 오피스텔을 각자 하나씩 잡아 살기로 했다. 그래서 우린 우선 공덕으로 향했다. 공덕이라면 북서부가 고향 같은 내게도 낯설지 않았고, 정효에겐 마포대교만 건너면 회사라, 둘 다 손해 보지 않는 절묘한 타협점이었다. 공덕역에 도착하자마자, 거대한 오피스텔 한 채가 운명처럼 눈에 확 들어왔다. 공덕 신영 지웰.

광고 카피가 맘에 들었다. '5, 6호선 공덕 지하철역에서 3초.' 도대체 어떻게 계산하면 3초가 나오는 건지 알 수 없었지만, 지하철역과 연결

되어 있다는 사실 하나만으로도 매력적이었다.

방을 구경하는 순간, 마치 꿈을 꾸는 것 같았다. 꿈에 그리던 빌트인 세탁기와 냉장고, 벽에 떡하니 걸린 Hauzen 에어컨, 10년 동안 내 옷을 책임져온 행거 따위는 이제 개나 줘 버려도 될 붙박이 옷장과 넉넉한 수납 공간, 그리고 창밖으로 한눈에 들어오는 공덕 오거리 뷰까지, 완벽했다.

하숙·자취방을 전전하던 우리가 이런 곳에 살아도 되나 싶은 생각이 들 정도로, 당시 기준으로는 상당히 럭셔리한 공간이었다. 삼성에 입사했을 때도 이런 기분은 들지 않았는데, 서울살이 10년 만에 비로소 성공한 기분이 들었다.

우린 다른 곳을 더 알아볼 필요가 없었다. 난 1401호 정효는 1502호를 각각 계약했다. 비상구 계단을 이용하면 한 집처럼 살 수도 있는 환경이었다.

공덕동으로의 토요일 이사를 앞두고, 약수동 짐을 금요일 밤에서야 싸기 시작했다. 그리고 토요일 마지막 걸레질로 "이사 종료!"를 외치기까지 꼬박 24시간이 걸렸다. 중간에 사우나에서 잠깐 눈을 붙인 걸 빼면, 미친 듯이 짐을 싸고 풀고 싸고 풀고의 무한 반복이었다. 그 와중에 우리는 굳은 결심을 했다. '다음 번 이사는 무조건 포장이사다.' 그렇게 우리의 화려한 20대 후반, 공덕&마포 Life가 시작되었다.

용달이사를 몇 번 해 보니, 동네에서 박스를 구하는 게 점점 어려워지고 있다는 걸 알게 됐다. 예전에는 슈퍼마켓만 가도 쉽게 구할 수 있었는데, 이 즈음부터는 짐을 내려놓은 뒤 박스를 다 수거해가는 경우가 많았다. 다이소도 없던 시절이었다. 그래서 이사에 필요한 양질의 박스

열댓 개를 구하려면 동네 구석구석을 탐험해야 했다.

내가 일하던 삼성전자 대리점처럼 전자제품을 파는 곳에서도 박스가 많이 나오긴 했지만, 냉장고·세탁기·TV 같은 대형 가전을 포장하는 박스는 이사에는 전혀 쓸모가 없었다. 박스가 일정 크기를 넘어가면, 코어에서 힘을 효율적으로 전달할 자세가 안 나오기 때문에, 괜히 억지로 들다 허리만 나간다.

살점 붙은 생선 뼈다귀를 찾는 길냥이처럼, 우리는 동네 구석구석을 뒤지고 다녔다. 그러다 길에서 적당한 크기의 박스를 발견하면, 별것 아닌데도 괜히 기뻤다. 그런데 신나게 뛰어가서 박스를 들어 보면, 꼭 거기에 가래침을 뱉어 놓은 못된 인간들이 있었다. 국과수에 의뢰해 침 뱉은 놈 색출한 뒤, 그 침 묻은 박스에 가둬 버리고 10년간 군만두만 주고 싶었다.

이사를 자주 다니면서 버리는 기술이 늘었다. 그중 가장 잘 버리게 된 건 책이었다. '사 두면 언젠가 읽겠지' 하고 사 놓은 책들은 결국 평생 안 읽게 된다는 것, '너무 재밌다! 나중에 다시 읽어야지' 하며 덮은 책들도 절대 다시 안 펼친다는 사실을, 책 박스를 몇 번이나 끙끙대며 옮기고 나서야 깨달았다.

그래서 이사 짐을 쌀 때 내가 가장 먼저 하는 작업은 버릴 책을 골라내는 일이었다. 나의 온전한 허리 사랑을 위해, 대부분의 책들은 냉정히 버려졌다. 그래도 나름 4년제 대학도 나오고 책을 좋아하는 사람으로서, 난 책만큼은 다른 쓰레기와는 달리 소중하게 작별했다. 먼지를 털고, 혹시 비상금이 숨겨져 있진 않은지 페이지를 한 장 한 장 넘겨보며 이별 준비를 마친 뒤, 분리수거장으로 조심스레 들고 갔다. 그곳에 내려놓을 때도 마치 서점에서 책을 진열하듯, 제목이 앞으로 보이게 하고 카테고리별로 분류해 가지런히 쌓아 두었다. 마지막엔 "잘 가라" 하고 육성으로 인사도 해줬다. 그러면 나름 양질의 책이 많다 보니, 30분도 안 되어 누군가가 꼭 가져갔다.

그럴 때마다 뿌듯했다. 책이 사라진 자리를 보며, 분명히 돈 없는 학생이 눈물 흘리며 가져갔겠지, 하고 혼자 상상하면서 괜히 마음이 부자가 되곤 했다.

이것저것은 잘 버리지만, 옷은 무겁지 않으니 웬만하면 생존한다. 그래도 안 입는 옷들이 수두룩하게 나오니, 이사를 도와주러 온 친구들에게 하나씩 나눠 줬다.

"이거 입을래?" "이거 함 입어 봐라." 하며 옷을 꺼내 주면, 대부분은 "진짜 거 맞아?" 하고 의심부터 했다.

그러면 내가 바로 받아쳤다. "죽이 뿔라, 사람을 뭘로 보고. 이거 봐라. 말 다리 네 개 제대로 달려 있재? 짝대기도 야구방망이 아니고. 진짜 폴로 맞다."

이렇게 확인해주면 그제야 친구들은 사이즈도 안 맞춰 보고 그냥 가져갔다. 물론 말 꼬리가 없는 건 눈치채지 못했다.

그렇게 짐들을 다운사이징하며 살다 보면, 술잔처럼 비운 만큼 다시 채워졌다. 그리고 버린 것들보단 조금 더 단가가 높은 것들로 채워지며, 내가 사는 공간은 조금씩 '사람이 사는 집'의 형태를 갖춰 갔다.

신촌 자취방 헹거엔 동대문 옷들이 걸려 있었지만, 장위동 집에서는 그 동대문 옷들이 헌 옷 수거함으로 사라지고, 빈자리는 지오다노가 대신했다. 취업 후 약수동에서는 목 늘어난 지오다노가 걸레가 되고, 그 자리에 양질의 폴로와 빈폴이 위풍당당하게 걸렸다.

하지만 결국 패션의 완성은 얼굴. 월화수목금금금 일하느라 삭은 얼굴에 폴로 걸치고 다닐 때보다, 동대문 옷 입고 삐삐 차고 다닐 때가 더 많은 박수를 받았던 것 같다.

특히 이번 이사는 빌트인 오피스텔로의 입성이었기에 버릴 것들이 정말 많았다. 구질구질했지만 나와 서울 생활을 함께하며 정 붙었던 침대, 책상, 가구, 행거, 세탁기, 냉장고를 몽땅 내다 버렸다.

그리고 비워진 만큼, 내 삶에 새로 채워 넣고 싶은 것들이 몇 개 생겼다. 그중 첫 번째는 모든 20대 후반 직장인들의 로망인 차였다. 하지만 차는 피아노보다 비쌌다. 그 정도 금액대의 물건을 사려면 스스로 납득할 명분이 필요했는데, 문제는 내가 출퇴근할 때 차를 쓸 일도 없고, 사봤자 기껏해야 정효랑 주말마다 마트 가는 그림밖에 안 그려졌다.

결국 차는 잠시 고민하다가 머릿속에서 과감히 삭제했다.

두 번째로 갖고 싶었던 것은 프로젝터였다. 약수동에서는 1톤은 됨직한 무거운 Goldstar 17인치 볼록 TV를 쓰고 있었는데, 당시 대세였던 32인치 완평 TV를 매장 진열제품으로 싸게 하나 살까 고민도 했다. 하지만 우리 집 평수에 비해 너무 거대했고, 얼반·모던·심플을 표방하는(?) 인테리어 컨셉에도 맞지 않았다. 딱 어울리는 건 프로젝터였다.

프로젝터는 마침 옆 부서인 TV 마케팅팀에서 취급하는 품목이라, 나랑 매일같이 야근을 하던 동기에게 물어봤다. 그런데 당시 제일 싼 모델이 무려 400만 원. 비록 야마하 디지털 피아노 6개월 할부는 끝났지만, 400만 원짜리 프로젝터를 결제할 파이팅까지는 차마 나오지 않았다.

이사를 마치고, 서울살이 10년 만에 처음으로 가슴속에서 이런 말이 터져 나왔다.

"우리 집, 정말 좋다."

난 14층에서 공덕 오거리를 내려다보며, 통돌이가 아닌 드럼 세탁기를 기분 좋게 돌려 놓고, 꿀 낮잠 두 시간 자고 일어나 빨래를 널었다. 그리고 맥주 두 캔을 들고 15층 정효 집으로 올라가, 한 층 더 높은 곳에서 다시 공덕 오거리를 내려다보곤 했다. 아무것도 하지 않아도 행복한 시절이었다.

난 방에 혼자 있을 때, Reality Bites OST의 'My Sharona'를 크게 틀어 놓고 춤을 추곤 했다. Reality Bites는 내 인생 영화 중 하나인데, 그때 너무 어른스럽게만 보였던 에단 호크, 위노나 라이더, 벤 스틸러가 지금 다시 보니 극중 나이가 고작 20대 초반이었다. 역시 사람은 담배를 멋들어지게 피워야 어른처럼 보이는 건가 보다.

난생처음 '자랑하고 싶은 집'에 살게 되니, 집들이를 자주 열었다. 택시 기본요금 거리라 가까웠던 주노, 송이, 영미, 희경, 성진, 경훈이는 가끔 아귀찜을 사 들고 놀러 왔다. 대학 동기들, 복싱 동아리 후배들, 삼성 입사 동기들, 부산 친구들, 지도선배 시절 후배들까지, 내 방에 발도장 찍고 간 그룹은 셀 수 없이 많았다.

이 시기엔 박정효, 류지훈과 일주일에 서너 번은 꼭 붙어 다녔다. 고기가 땡기면 부의 상징 까르네스테이션으로 직행했고, 외국이 그리우면 아웃백으로 갔다. 아웃백에서 스테이크를 썰며 레모네이드를 홀짝이면 그 순간만큼은 뉴욕 브로드웨이 뒷골목에서 저녁을 즐기는 보헤미안 같았다.

마포 돼지갈비 집에도 자주 갔다. 술을 조금은 마시는 박정효가 끼면 소주나 맥주를 곁들였지만, 술 또라이인 나와 류지훈만 갈 땐 이렇게 외쳤다. "아줌마, 고기 2인분에 콜라 두 개, 사이다 하나요!" 이쯤 되면 고딩들도 손가락질할 만한 주문이었다.

이전엔 가끔 집에서 요리를 해 먹기도 했지만, 이 시기에 나는 요리계를 은퇴했다. 큰맘 먹고 국을 끓여 한 끼 먹고 나면, 남은 국은 고급스러운 테팔 냄비 속에서 방치되기 일쑤였다.

그러다 깜빡 잊은 채 일주일쯤 지나 냄비 뚜껑을 열면, 오색찬란한 곰팡이들이 춤을 추고 있다. 그 아름다운 생명력과 창의력에 잠시 감탄하다가도, 3초 뒤에는 뇌를 갉아먹을 듯한 악취가 코를 찔렀다. 그제야 온 집안이 하수구가 돼 버렸음을 깨닫고, 페브리즈 반 통을 뿌려 놓은 채 정효 집으로 피신하곤 했다.

음식을 하면 늘 이런 뒤처리로 이어졌기에, 그 후로는 주방과 연을 끊었다. 대신 정효 집에 올라가 밥을 얻어먹거나, 인스턴트 음식으로 배를 채우는 쪽을 선택했다.

2005, 서울시 마포구 도화동

공덕 집에서 오래 살진 않았다. 살기에 분에 넘치게 럭셔리했지만, 류지훈의 형 정훈이 형이 미국으로 MBA를 떠나면서, 형이 살던 오피스텔을 내게 넘겨줬다. 신던 신발도 아니고, 집을 넘겨주다니. 게다가 공덕 신영지웰보다 더 크고 좋은 마포 오벨리스크였다. 당연히 시세도 훨씬 비쌌지만, 그냥 지금 신영지웰 금액만 내고 형이 돌아올 때까지 들어와 살라고 했다. 주거계의 로또 같은 조건, 거절할 이유가 없었다.

그래서 난 공덕 신영지웰에서의 1년을 마무리하고, 마포 오벨리스크로 이사했다. 지영지웰에서 걸어서 5분 거리라, 여전히 정효의 집은 나의 세컨 하우스 지위를 유지했다. 이번에도 포장이사가 아닌 용달이사였지만, 빌트인에서 빌트인으로 옮기는 이사라 훨씬 가벼웠다. 다만 신영지웰 집이 생각보다 빨리 나가는 바람에, 형이 출국하기 전까지 딱 한 달이 비어 버렸다. 그 결과, 나는 생애 첫 '한 달짜리 Homeless 생활'을 경험하게 됐다.

그때 여러 사람에게 신세를 졌다. 우선 삼성전자 동기이자 강원도의 귀인, 정병조 형님. 나의 Homeless 기간과 형님이 지도선배로 파견 나가 집을 비우는 시기가 절묘하게 맞아떨어졌다. 덕분에 병조 형님은 흔쾌히 방을 내어 주셨다. 집 내어 주는 형들이 이렇게 많다니. 병조형도 오벨리스크에 살고 계셨는데, 럭셔리한 건물 외관과 달리 방 안은 의외로 소박하고 인간적인 분위기였다. 덕분에 난 큰 부담 없이 맘 편히 지낼 수 있었다.

그리고 방송국 신참으로 정말 바빴던, 붕어빵 동지 경훈이 집에서도 제법 신세를 졌다. 이놈은 지금도 PD로 바쁘게 살고 있지만, 그때도 방송국에서 무슨 일을 그렇게 하는지 집에 들어오는 꼴을 보기 힘들었다. 덕분에 침대는 거의 내가 독점했다.

경훈이는 내가 자고 있으면 새벽 두 시쯤 구수한 욕을 내뱉으며 집에 들어왔다. 내가 얼른 침대를 내주려 하면, "됐다, 난 샤워만 하고 네 시쯤 다시 나가야 된다. 그냥 자라"라며 손사래를 쳤다. 그래서 난 침대에 다시 누워 잠들곤 했는데, 새벽에 눈을 떠보면 경훈이는 침대 밑에 찌그러져 토막잠을 자고 있었다.

그러다 경훈이의 "씨*!" 욕소리를 듣고 깼다. 경훈이 말하길, 귀에 벌레가 들어갔다는 거였다. 그리고 이놈의 응급조치법은 정말 기가 막혔다. 스탠드를 켜서 귀에 대더니 그대로 다시 잠든다. "불빛을 쫓아 벌레가 나온다"는 이론이었다. 이놈도 천재 아니면 바보다.

그러다 한 시간쯤 뒤 또다시 "씨*!" 소리에 깼더니, 벌레는 여전히 안 나왔다고 했다. 내가 아무리 귀를 들여다봐도 안 보였는데, 경훈이는 분명히 한 놈이 들어갔다고 우겼다.

두 번째 응급조치법은 더 가관이었다. 청소기를 가져와 귀에 대는 거였다. 처음엔 약하게 틀어 강도를 시험하다가, 이내 강하게 틀었다. 요즘처럼 성능 좋은 다이슨이었으면 고막은 물론이고 유스타키오관을 타고 코딱지까지 다 빨려 나왔을 거다. 새벽에 청소기를 귀에 겨누고 있는 꼴은, 흡사 M16을 턱밑에 대고 자살하는 나라 잃은 군인처럼 비장했다.

결국 경훈이는 다음 날 병원에 가서 벌레를 뺐는데, 놈이 나오면서 귀를 한 차례 물고 나와 귀 안이 퉁퉁 부었다며 또다시 "씨*!"를 외쳤다. 그러니까, 왜 스탠드랑 청소기로 벌레 성질을 건드려….

박정효는 이 시기에 차를 샀다. 엄청난 차였다. 마후라가 터져 "타랄랄라~ 타랄랄라~" 스포츠카 같은 소리가 났던, 수명이 다해 보이는 80만 원짜리 흰색 아반떼였다.

처음 차를 가지러 간 날, 정효에게 전화가 왔다. "야, 페달이 두 갠데… 둘 중 액셀레이터가 어느 쪽이고?" 이게 차 사러 간 사람이 할 질문이냐. 면허 시험 이후 단 한 번도 차를 몰아 본 적 없다는 게 확실했다. 잠시 후 다시 연락이 와서 브레이크랑 후진기어가 잘 안 먹힌다고 툴툴거리길래, "그게 잘 먹히면 80만 원이겠냐"고 해줬다.

그날 저녁, 정효는 한 시간 만에 운전을 마스터했다며 퇴근길에 굳이 우리 회사 앞으로 픽업을 오겠다고 했다. 나는 살기 위해, "오늘은 야근을 좀… 아주 늦게까지 할 것 같다"며 돌려보냈다.

그 후로도 브레이크와 후진기어가 잘 안 먹는 '타랄랄라 아반떼'를 몰고 정효는 자주 날 픽업하러 왔다. 그래도 우리 촌뉴들은 차에 금세 적응했고, 덕분에 삶은 제법 윤택해졌다.

무엇보다도, 이 차는 우리에게 편의점 대신 할인점을 허락해 줬고, 가끔 팔당대교를 건너 봉주르까지 드라이브하며 광고 속에서만 존재할 법한 젊은 부자들처럼 상류사회의 기분을 만끽하게 해주었다.

잘 사는 게 별건가. 더 이상 전봇대에 과외 전단지를 붙이고 다니지 않아도 됐고, 우리의 월급 통장은 어느새 200만 원대를 찍고 있었다. 신촌 최고의 패밀리 레스토랑 코코스에 가서 메뉴판 보고 흠칫 놀라 1인분만 시키며, 묻지도 않았는데 "저는 밥 먹고 왔어요"를 더듬거리던 놈들이, 이제는 VIPS에서 스테이크 굽기 조절까지 자연스럽게 요구할 수 있게 되었다. 아침에 에어컨을 켜 둔 채 출근한 걸 깨닫고도, 굳이 중간에 집에 들르지 않았을 때도 내가 한 뼘은 성장했구나 싶었다.

하지만 이런 모든 것보다 내가 가장 '부자가 됐다'고 느낀 순간은 따로 있었다. 공덕 신영지웰에 살고부터, 더 이상 내 집에 바퀴벌레가 나오지 않는다는 사실을 깨달았을 때였다.

무더운 어느 여름날, 정효와 나는 임종을 눈앞에 둔 아반떼를 몰고 코스트코에 갔다가, 벽에 걸린 대왕 연을 발견했다. 우리는 동시에 "지기네~"를 합창하며 하나씩 사 들고 여의도로 향했다. 날씨는 너무 좋았다. 구름 한 점 없었다. 문제는 구름뿐만 아니라 바람마저 없었다는 거다.

그때서야 깨달았다. 공기보다 훨씬 무거운 연을 띄우려면 '바람'이 필요하다는 사실을. 연은 바람에 밀려 날아가려는데 연줄에 매달려 있으니 위로 떠오르는 건데, 바람이 없으니 우리가 바람을 만들어야 했다. 결국 전력질주. 100미터를 죽어라 뛰어야 고작 10미터쯤 올라가 줬다. 아이들이 신기하다는 듯 대왕 연을 쳐다보고 있어서 중간에 포기할 수도 없었다. 그렇게 한여름, 하늘은 파랗고 날씨는 완벽했지만, 우리는 연 하나 날리겠다고 다리가 풀린 채 집으로 돌아왔다.

점점 체력이 약해짐을 느끼고 꾸준히 운동하려 노력했다. 일주일에 최소 한두 번은 체육관에 갔다. 여전히 시설이 열악했던 마포 라이온 복싱 도장을 계속 다녔고, 운동 후 샤워하면서 운동복을 함께 빨았다. 체육관엔 짤수기가 있어서 운동복을 돌려 물기를 빼고 그대로 걸어 두고 다녔다.

그러던 어느 날, 지친 몸을 이끌고 짤수기를 돌리려는데 코드가 뽑혀 있었다. 아무 생각 없이 코드를 집어 꽂는 순간—"번쩍!" 정말 뒤질 뻔했다. 그때 다짐했다. "훗날 우리 자식에게는 절대 물 묻은 손으로 콘센트를 만지지 말라고 가르쳐야겠다." 그리고 그날 이후, 내 머리는 더 곱슬이 되었다.

생각난 김에, 내 인생 '순간 고통 부문' 영예의 1위는 95년 무악학사 기숙사에서였다. 한 학기 동안 기숙사 식당에서 아침을 먹은 건 손가락에 꼽을 정도였는데, 어느 날 별로 친하지 않은 친구가 굳이 깨워서 억지로 식당에 내려갔다. 친한 사이도 아니라 "안 먹을 거다, *끄지라*"는 말을 못 했다.

그날 아침 메뉴는 육개장이었다. 억지로 몇 숟갈 뜨고 있는데, 갑자기 엄지발가락 끝에 대못이 쭈욱 꽂히는 듯한 고통! 나는 반사적으로 '악!' 하고 비명을 질렀다. 아래를 내려다보니, 팔뚝만 한 지네가 미친 속도로 시야에서 사라지고 있었다.

물렸다기보다는 찔렸다는 느낌이 들 만큼 극심한 고통이었다. 시간이 지나며 내 기억 속에서 지네의 크기가 점점 더 커졌을 가능성은 있지만, 분명 날 공격한 놈은 뱀처럼 스멀스멀 기어가고 있었다.

나는 직감했다. 그 녀석은 전래동화 '은혜 갚은 두꺼비'에서 제물로 18세 처녀를 바쳐야 했던 천년 묵은 지네가 틀림없다고. 나도 두꺼비처럼 파란 독을 뿜으며 녀석을 죽였어야 했는데, 이미 발가락이 마비된 나는 주저앉을 수밖에 없었다.

게다가, 날 억지로 끌고 온 그 친구 놈도 위풍당당한 지네의 크기에 기겁해 복수 따위 꿈도 꾸지 않았다. 그날 전까지 나는 꽤 영특한 아이였으나, 천년 묵은 지네에 물린 이후 지능이 평범해졌다. 머리도 더 곱슬이 되어 갔고.

지금도 인생이 안 풀린다 싶을 때면, 그날 아침이 떠오른다. 내 인생의 모든 꼬임은 다 지네 때문이다. 아마 그놈은 지금도 기숙사 식당 바닥 타일 틈새에서 또 천 년쯤 묵고 있겠지. 언젠가 내가 다시 찾아가 복수하리라. 잡아서 지네주를 담가 마시든, 장수탕에 넣고 푹 끓이든, 황소개구리가 드글거리는 연못에 던지건, 아무튼 끝은 반드시 내 손으로 낼 테니 기다려라.

회사에서는 할인점 영업그룹으로 옮긴 뒤에도, 물론 남들보다 일찍 출근했고 무난하고 성실한 기조는 이어 갔다. 하지만 마케팅팀 시절처럼 하나라도 더 배우려는 치열한 열정은 사라져 있었다. 그저 하루하루 주어진 일만 처리하며, 동기·후배들과 히히덕거리며 잡담을 나누는 데 시간을 보냈다. 직장인으로서의 성장은 잠시 멈춰 있던 시기였던 것 같다.

그렇게 내 안에서 조금씩, 이직에 대한 생각이 피어오르기 시작했다.

이직 준비

삼성전자에서 대리를 달고 5년 차가 되자, 나는 슬슬 이직 카드를 만지작거리기 시작했다. 이직이라는 건, 한 번도 해 보지 않은 사람에겐 인생 최대급 이벤트다. 몇 번 해 보고 나면 별거 아닌데, 첫 번째 이직, 특히 삼성 같은 거대한 조직을 떠나는 건 엄청난 용기가 필요하다. 나는 43기 동기들 중 가장 먼저 이직을 한 케이스였다. 그래서 동기들에게 종종 질문을 받았다. "넌 왜 이직을 결심했냐?", "어떻게 준비했냐?" 같은 것들 말이다.

이직은 결국 "내가 납득할 수 있는 핑계" 찾기에서 시작된다. 직장 5년 차쯤 되면, 특별한 계기 없이는 누구나 슬슬 흥미가 식기 마련이다. 누군가는 수첩에 '초심' 적으며 버티고, 누군가는 부서 바꾸며 새판을 짠다.

"더 이상 배울 게 없다", "회사는 미래가 없고, 나는 워라밸도 없다", "이대로 쭈욱 가면 부장이 되겠지만, 우리 부장님처럼 살고 싶지는 않다" 이런 생각이 반복되면, 결국 사람들은 슬며시 이직 시장으로 뛰어나온다.

난 회사와 동료들에 불만은 전혀 없었다. 영업이익이 해마다 치솟아 보너스도 많이 나왔고, 주변에 일 잘하는 선배·동기·후배들에 둘러싸여 웃음이 끊이질 않았으니 일하는 재미도 쏠쏠했다.

하지만 내게는 오래된 숙제가 하나 있었다.

난 해외 MBA를 가고 싶었다. 뚜렷한 목표 의식이 있어서라기보다는, 학부 때 제대로 하지 못했던 공부를 다시 하며 해외생활을 경험하고 싶었다. 그래서 주말마다 연대나 서강대 도서관에 가서 영어 공부를 시작했다. 하지만 당시 내게는 올림픽을 준비하는 국가대표급의 열정이나 간절함은 없었다.

백번 양보해 주중이 바빴다고 하더라도, 주말에는 하루 10시간씩 공부했어야 하는데, 기껏 두세 시간 공부하고 나면, 기상천외한 핑곗거리를 찾아내서라도 도서관을 빠져나오곤 했다. 와이셔츠 다릴 게 쌓였다는 이유로 책을 덮고 나오는 꼴이었으니 말 다 했다.

그 모양으로 공부했으니 결과야 뻔했다. 비슷한 수준의 학교를 목표로 하던 친구들은 6개월 만에 GMAT과 TOEFL 점수를 착착 찍어내는데, 나는 1년이 지나도 그 자리, 그대로였다. 그때부터 내 머릿속에서는 '좀 덜 바쁜 회사로 옮기면 금방 점수 나오겠지'라는 자기 위안질이 슬슬 시작되었다.

그러다 안 그래도 기울던 마음을 확 밀어 버린 순간이 있었다. 어느 날 정효가 "메일 하나만 보내고 올게" 하더니, 방에서 한참을 나오지 않았다. "메일을 뭐 그렇게 오래 쓰냐" 싶어 들어가 봤더니, 헉! 화면 가득 영어 문장이 빼곡하게 적혀 있는 게 아닌가. 정효는 외국계 회사에 다니고 있었는데, 난 그제야 '아, 외국계 회사 직원은 이메일을 영어로 쓰는구나'라는 당연한 사실을 깨달았다. 왜 단 한 번도 생각을 못 했을까.

별거 아니었지만, 영어로 장문의 메일을 쓰는 정효가 괜히 대단해 보었다. 난 그동안 하루에도 수십 통씩 '수신처 제위'로 시작해 '첨부 참고 요망합니다'로 끝내는 메일만 주고받았는데, 정효는 그동안 'Dear'로 시작해서 'Best Regards'로 끝내고 있었던 것이다.

내 메일 서명란엔 '드림'이나 '올림'조차 건방져 보여서, 1년 위 선배에게도 '배상(拜上)'을 썼다. 지금 생각하면, 도대체 내가 뭘 절하며 올렸다는 걸까. 그런데 정효는 당당하게 'Jung Park'으로 끝맺었다. 심지어 'JP'로 줄여 쓰기도 했다. 그 단순한 사실이 내겐 신선한 충격이었다. 아이들이 친구가 사탕 먹는 걸 보면 "나도 저거 사 줘!"라고 외치듯, 나도 갑자기 영어로 메일을 쓰는 회사에 다니고 싶어졌다.

그래서 결국, 이직을 결심했다. 유학은 2년쯤 뒤로 미루고, 영어를 쓰는 회사에 다니며 저녁에는 공부하는 삶을 살고 싶었다. 그때부터 이직 준비가 본격적으로 시작됐다.

어떻게 이직을 해야 하는지, 그때는 Naver도 제대로 알려주지 않았다. 그래서 일단 이력서와 경력기술서를 만든 뒤, Careercenter.co.kr이라는 경력직 헤드헌팅 포털에 가입했다.

나는 샌디에이고 시절, 전화번호부를 뒤져 무작정 전화를 걸던 Cold Call 전문가가 아니던가. 공고 내용 따윈 상관없었다. 사이트에 본인 이메일 주소를 올려 둔 헤드헌터들에게 내 이력서를 전부 뿌렸다. "현재 포스팅된 회사에는 관심이 없지만, 시간 여유가 좀 있는 외국계 기업을 연결해 주신다면, 최선을 다해 인터뷰에 응해서 실적을 안겨 드리겠습니다." 뭐, 이런 식으로.

그랬더니 하나둘씩 연락이 오기 시작했다. 하지만 생각보다 양질의 회사는 많지 않았다. 삼성전자 이력을 보고 경쟁사를 소개해 주기도 했는데, 맥도날드에서 일하다가 바로 옆 롯데리아로 갈 수는 없지 않은가. 내가 이력서를 막 던졌듯, 그들도 내게 회사를 막 던지는 느낌이었다.

가끔은 "거긴 너무 심하잖아, 날 뭘로 보는 거야" 싶은 회사를 추천하는 헤드헌터도 있었다. 그래서 이직은 단거리 스프린트가 아니라 장기 레이스로 준비해야 한다는 걸 깨달았다.

그러던 중 몇 개 회사를 거절하고 나서, 마침내 마음에 드는 제안이 들어왔다. Microsoft였다. 당시 세계 100대 브랜드 순위에서도 삼성전자가 20위권이었지만, Microsoft는 코카콜라·IBM과 함께 TOP 3를 형성하던 절대 강자였다. 게다가 충원하려는 포지션이 무려 X-Box 마케팅팀.

어차피 내가 IT 제품 마케팅을 했을 때와 유통이 많이 겹칠 것 같았고, 할인점 영업그룹에서 바이어를 상대하며 제품 및 유통 전략에 대한 트레이닝도 받아온 터라, "이건 딱 내 자리다!" 싶었다.

문제는 글로벌 회사다 보니 면접 전형이 끝없이 이어졌다는 거였다. HR 담당과 이메일로 이것저것 주고받은 뒤, 실무진 면접만 두 번. 그리고 마지막으로 싱가포르 Asia Head와의 전화 인터뷰까지. 거기까지 가는 데만 꼬박 두 달이 걸렸다.

다행히 실무진 면접까지는 통과했고, 이제 마지막 관문인 전화 인터뷰만 남았다. 그동안 익혔던 Marriott Hotel식 영어가 이미 몸 밖으로 다 빠져나간 뒤라, 나는 필사적으로 '면접영어 훈련'을 시작해야 했다.

예상 질문에 대한 답변을 영어로 스크립트를 써 내려가다 보니, 어느

새 A4 여덟 장 분량이 됐다. 자기소개, 장점·단점, 삼성에서 맡았던 업무, 성취와 실패 사례, 이직하려는 이유, Microsoft에 대한 생각, X-Box 마케팅 전략… 심지어 마지막에 통상적으로 나오는 질문, "Do you have any questions for me?"에 대한 답변까지 준비해 뒀다.

인터뷰 당일, 난 회사 근처에 사는 형준이 집을 빌려 벽에 A4 여덟 장을 쫙 붙였다. 그리고 질문이 나오면 눈알만 굴려 해당 위치를 찾아내는 '현란한 안구 모의 연습'까지 했다.

드디어 전화가 울렸다. 예상 질문에서 크게 벗어나지 않았다. 질문이 끝나면 나는 "Well~ You know…"로 시간을 벌며, 눈알 굴려 준비해 둔 스크립트 앞으로 이동해 답변을 읽어 내려갔다. 응용이 필요한 질문이 나오면 전화 인터뷰의 장점을 십분 활용했다. "Sorry, the line is not clear. Could you repeat the question?"라며 시간을 벌었다.

최대한 읽으면서 대답하는 티를 안 내려고 애썼지만, 지금 생각해보면 사투리 안 쓰려고 억지로 서울말 하는 사람처럼 어색하게 들렸을 거다. 스크립트를 문어체로 작성해 둔 탓에 내 영어는 더 어색했을지도 모른다. gonna, wanna 따위의 구어체 대신 줄곧 "I am going to~"를 또박또박 발음했고, 평소 대화에서는 잘 쓰지도 않는 관계대명사와 수동태까지 남발했다. 면접관 귀에는 마치 '영어 교과서 낭독회'처럼 들렸을 거다. 그럼에도 불구하고, 무난하게 영어 면접을 마쳤다. 왠지 느낌이 좋았다.

그리고 한 군데 면접을 더 보게 됐다. SAS라는 회사였다. 이름을 처음 들었을 때부터 어디서 본 듯 익숙했다. 그러다 설마 싶어 엘리베이터를 탔는데, 맞았다. 당시 내가 근무하던 곳은 대치빌딩 6층, SAS는 같은 건물 8~10층에 있었다.

심지어 6층과 7층 화장실이 만실일 때, 가끔은 8층 화장실까지 원정을 간 적도 있었다. 그러니 엄밀히 말해 나는 이미 SAS와 '화장실 동지'였던 셈이다. 다른 건 몰라도, 면접 보러 가기에 이보다 가까운 회사가 또 있을까 싶었다. 그 정도면 도전해 볼 만한 충분한 이유가 됐다.

문제는 같은 건물에 있다는 것 말고는, 내가 SAS라는 회사에 대해 아는 게 전혀 없었다는 거다. 그런데 마침 헤드헌터가 메일을 하나 더 보내 왔다. SAS가 유수의 글로벌 기업들을 제치고 Fortune지 선정 '미국에서 가장 일하기 좋은 회사 1위'에 올랐다는 기사였다.

오호~ 그때부터 나의 호기심이 폭발했다. 도대체 어떤 회사이길래 Google 같은 회사를 제치고 1위에 오를 수 있는 걸까.

회사 홈페이지에 들어가 보니 Business Intelligence Solution 회사라고 적혀 있었다. 읽어도 무슨 말인지 잘 모르겠더라. 결국 아무것도 모르는 상태에서 면접을 보러 갔다.

부사장님과의 면접에서 첫 질문이 나왔다. "SAS가 어떤 회사인지 알고 있나요?"

나는 자신 있게 대답했다. "ERP 회사로 알고 있습니다."

그러자 돌아온 답변은 간단명료했다. "SAS는 ERP 회사가 아닙니다."

그 순간, 나는 정말 쥐뿔도 모르는 상태라는 걸 다시금 확인했다. 결국 6층 사무실에서 8층 화장실 가듯, 근무 시간에 툭 다녀오듯 그렇게 면접을 진행한 셈이었다. 그래도 파이팅이 넘치던 때라, "그런가요? 하하하" 하며 호탕하게 웃었다.

SAS는 면접 전형이 Microsoft처럼 복잡하지는 않았다. 본부장님, 부사장님, 사장님 세 분과 면접을 봤는데, 일주일 안에 모두 끝났다. 마지막 사장님 면접은 영어로 진행된다고 했지만, Microsoft 때 만들어둔 A4 여덟 장을 대충 외운 상태라 크게 긴장하지는 않았다.

SAS 사장님은 사람을 아주 편안하게 해 주시는 분이었다. 면접이라기보다는 좋은 분과 차 한 잔 하며 대화를 나누는 기분 좋은 분위기였다. 나 역시 마음은 이미 Microsoft로 쏠려 있던 터라 아무 부담 없이 그냥 나오는 대로 지껄였다. 사장님은 시종일관 주눅들지 않고 대답하는 나를 보며 '허허, 이 친구 재밌구먼' 하는 표정이셨다. 그러다 갑자기 영어를 쓰기 시작하셨다. 영어 면접의 시작이었다.

나는 외워둔 영어 문장들을 대뇌 측두엽 언어 중추로 옮기며 L과 R 발음을 연습하듯 혀를 풀고 있었다. 그런데 사장님이 내 이력서에서 Boxing 경력을 발견하시더니 "Are you a boxer? Wow~!"라며 본인이 더 신이 나서 운동 이야기를 쏟아 내기 시작했다. 복싱을 하면서 진 적이 없냐, 항상 이겼냐는 질문까지 하셨다.

체육관에서 재야의 고수들에게 호되게 맞았던 일, 프로테스트에서 처절하게 난타전 벌이다 다운당했던 일들이 머릿속을 스쳐갔지만, 영어로 그 디테일을 풀어낼 자신이 없었다. 그래서 그냥 "Sure~"로 대답했다. 이후에도 복싱 관련 질문이 몇 개 더 나왔지만, 나는 "Yes", "Definitely" 같은 짧은 답으로 일관했다.

그 덕분에 사장님 눈에는 내가 아마 복싱계의 무패 신화처럼 보였을 것이다. 사실은 영어로 설명을 못했을 뿐인데. 그렇게 분위기 좋은 가운데 사장님과의 영어 면접도 무사히 끝났다.

SAS에서는 사장님 면접이 끝나자마자 합격 통보가 왔다. 문제는 내가 진짜 가고 싶어 했던 Microsoft였다. 미국 본사 담당과의 전화 면접, 최종 HR 부서 면접까지 남아 있었는데, 결과가 나오기까지 한 달은 더 걸린다고 했다. 애매한 상황이었다. 한 달 뒤 합격할 거라는 보장도 없고, 그렇다고 SAS에서 느낀 따뜻한 분위기를 무시할 수도 없었다.

그때 SAS HR 담당이 저녁에 선릉 모처에서 열리는 Town Hall Meeting에 와서 회사 분위기라도 보라고 했다. 회사에서 걸어서 5분 거리라 별생각 없이 갔는데, 그 자리에서 나는 입사 예정자로 공식 소개되었다.

그날 밤, Microsoft에 더는 면접을 진행하지 않겠다는 메일을 보냈다.

그렇게 나의 두 번째 직장, '가장 일하기 좋은 회사 1위'라는 타이틀을 자랑하던 SAS에서의 생활이 시작되었다.

SAS 생활

SAS는 같은 건물에 있었기 때문에, 나는 평소처럼 대치빌딩으로 출근해 엘리베이터 앞에서 삼성전자 사람들과 인사를 나눴다. 친했던 분들에게만 퇴사 인사를 드리고 조용히 나온 터라, 아직 내가 퇴사한 사실을 모르는 사람들이 많았다.

회사 근처에서 마주치면 평소처럼 내게 다음 달 정책을 묻거나, 잠시 후 회의를 하자고 하는 사람도 있었다. 나는 그냥 웃으며 고개를 끄덕이고는, 엘리베이터 안에서 6층 대신 8층 버튼을 눌렀다.

SAS에서 내 사수로 정해진 이사님은 탤런트 오지호를 떠올리게 하는 훤칠한 키와 이국적인 마스크의 소유자였다. 출근 첫날, 이사님이 오시기 전까지 나는 할 수 있는 일이 없어 책상에 덩그러니 앉아 시간을 보내고 있었다.

이사님은 9시까지 출근인 회사에서 10시쯤 나타나셨다. 이사님만 그런 게 아니었다. 출근 시간이 10시 전후인 사람이 많다는 사실에 적잖이 놀랐다. 게다가 이사님은 사무실에 들어서며 주위 사람들 다 들리게 "Good Morning!"을 외치며 당당하게 입장했다.

8시 1분만 돼도 "너 어디야?"라는 전화를 받던 조직에서 굳어진 내 습관 때문에, 이 장면은 신선한 문화 충격으로 다가왔다.

그리고 이사님은 나에게 자료 몇 개를 던져 주며 "한 달간 공부해 보라"고 하셨다. 지금까지 내가 해 온 일은 대부분 "한 시간 후까지", "오늘 밤까지", "내일 아침 전까지"가 마감이었는데, 무려 "한 달"이라는 시간을 주다니. 게다가 다른 분들과 대화를 나눠 보니, 다들 SAS가 근태가 너무 빡세다고 투덜대는 게 아닌가. 삼성 밖 세상은 정말 충격의 연속이었다.

한 달을 공부해도 이 회사가 정확히 뭘 하는 회사인지 감이 안 왔다. Business Intelligence Solution 사례들을 보며 "기업에 꼭 필요한 솔루션을 제공하는구나"라는 느낌은 늘었지만, 동시에 "그래서 뭐?" 싶었다.

그래도 자료를 들여다보면서 업계 용어들에는 차츰 익숙해졌고, 영문

아티클을 읽으면서는 자연스럽게 영어 리딩 연습도 할 수 있었다. 한 달이 지나고 나서야, 이사님과 컨설턴트 분들을 따라 고객사 미팅에 동행할 수 있었고, 그렇게 몇 개월을 다닌 후에야 비로소 SAS가 무엇을 하는 회사인지 똑똑히 알게 되었다. 결론적으로 이 회사는 생각보다 훨씬 고부가가치를 창출하는 회사였다.

SAS에서의 입사 첫날은 강렬하게 각인돼 있다.

사무실은 정말 쥐 죽은 듯 조용했다. 마치 공공도서관 같아서, 전화를 받는 사람도 옆 사람 방해되지 않게 조용조용 말하다가 얼른 끊는 분위기였다. 적응하기 힘들 정도로 숨 막히는 고요였다.

그때였다.

갑자기 내 전화기가 사무실 전체를 울릴 만큼 요란하게 울렸다. 난 아직 내 자리 전화번호조차 모르던 때였다. 하지만 난 삼성 출신 아니던가. 전화 에티켓까지 교육받고, 심지어 지도선배로서 후배들에게 직접 시범까지 보였던 사람이다. 그래서 반사적으로, 삼성에서 배운 대로, 목소리를 도레미파솔의 "솔" 톤으로 올리고, 크고 청량하게, 리듬감까지 살려 전화를 받았다

"또 하나의 가족, 삼성전자 손창욱입니다~"

헉. 미친. 순간 내 혀를 확 깨물어 버리고 싶었다. 화장실로 날 끌고 가 쥐 패 버리고 싶었다. 당신은 전 직장에서 어떤 삶을 사셨던 겁니까. 부끄러워 고개를 들 수가 없었다.

순식간에 사무실 곳곳에서 웃음을 참는 소리가 터져 나왔다. "크크크, 또 하나의 가족이래. 또 하나의 가족. 불륜인가" 사람들이 속삭이면서

웃고, 그 웃음이 파도처럼 번져 갔다.

그렇게 난 입사 첫날, SAS 전 직원들에게 잊을 수 없는 존재감을 확실하게 남겼다.

SAS에서는 개인 시간을 활용하기가 편했다. 다 같이 점심을 먹는 분위기도 아니었기에, 난 점심시간마다 회사 뒤 홍수환 체육관에서 운동을 시작했다.

내가 맡은 영역은 Service, Telco, Oil & Gas Industry였다. 그래서 고객사로는 CJ Internet, NHN, Neowiz, NEXON 같은 인터넷·게임 회사, 하나투어 같은 서비스 회사, 그리고 KT나 4대 정유사처럼 덩치 큰 기업들이 있었다.

일은 이랬다. 고객사 미팅을 통해 각 회사의 Business Pain Point를 파악한 뒤, 사무실로 돌아와 컨설턴트들과 머리를 맞댔다. SAS의 솔루션으로 해결책을 설계하고, 다시 고객사에 제안했다. 이후엔 PM 역할을 맡아 프로젝트를 진행하고, 마지막엔 딜을 클로징하는 것까지가 나의 일이었다.

고객사 미팅이 많다 보니 외근이 잦았다. 난 미팅 전후로 시간이 날 때마다 근처 커피숍에 들러 GMAT과 TOEFL 공부를 했다. 그렇게 일과 공부, 운동을 균형 있게 병행할 수 있었던 드물고 고마운 시기였다.

SAS 2년 차이던 2009년, 신종플루가 온 나라를 휩쓸었다. 타미플루가 동나고, 기침 한 번민 헤도 사람들이 흠칫하며 거리를 두던 시절이었다. 그러던 어느 날, 인사팀에서 메일이 하나 날아왔다.

"같은 층에 근무하시는 한 분이 신종플루 확진을 받으셨습니다. 카페트 소독을 실시할 예정이니 직원 여러분은 조기 퇴근하시기 바랍니다."

캬, 역시 괜히 포춘지 선정 '일하기 좋은 회사 1위'가 아니구나 싶었다. 직원 안전을 최우선으로 생각하다니, 감동이었다. 그런데 나는 여전히 '또 하나의 가족' 출신의 근면 DNA를 장착하고 있던 터였다. 메일 따위엔 눈길도 주지 않고, 묵묵히 엑셀 파일을 붙잡고 있었다.

한 시간쯤 흘렀을까. 인사팀 과장님이 직접 내 자리로 오셨다. "카페트 소독팀이 곧 도착하실 예정인데요…." 그 말에 순간 고개를 들어 사무실을 둘러봤다.

헉, 아무도 없다. 텅. 빈. 사무실.

"제가 의자를 올려놓고 퇴근하라는 말을 안 했네요."

오, 노우! 그제야 깨달았다. 소독을 하려면 의자를 전부 책상 위에 올려놔야 한다는 사실을. 문제는, SAS가 '일하기 좋은 회사'여서 그런지 의자도 아주 좋은 걸 쓴다는 거다. 좋다는 건 곧 무겁다는 뜻이다. 얼른 둘러보니 책상 위로 올려야 할 의자가 100개는 족히 넘어 보였다.

게다가 직원들이 전시상황처럼 급하게 튀어 나가서인지 책상 위는 난장판이었다. 모니터는 두 대씩 올려져 있어 공간부터 확보해야 했고, 하나씩 내리고 정리한 뒤에야 의자를 올릴 수 있었다. 그 과정에서 알게 된 건, 평소 조용하고 깔끔해 보이던 선배들도 책상 밑에는 어김없이 지압 슬리퍼를 숨겨 두고 있었다는 사실이다.

정신 차려 보니 사무실엔 나랑 여성여성한 과장님 단둘만 남아 있었다. 결국 나는 혼자서 100여 개의 책상을 정리하고, 100여 개의 모니터를 내리고, 100여 개의 의자와 지압 슬리퍼를 책상 위에 올렸다.

의자는 육면체 박스가 아니라 무게중심 잡기가 힘들다. 효율적인 힘 분배도 어렵다. 그래서 실제 무게보다 두세 배는 더 무겁게 느껴졌다. 대략 50개쯤 올렸을 때는 허리가 끊어질 듯 아팠고, 80개쯤 넘어가자 손에 쥔 건 의자가 아니라 내 인생의 무게 같았다.

적어도 육체적으로만 놓고 보면, 그날 신종플루 확진 환자보다 내가 몇 배는 더 힘들었을 것이다.

일하기 좋은 회사라며.

SAS 2년 차였던 2009년은 내게 '실적의 해'였다. 1년 가까이 질질 끌던 CJ internet Deal을 마침내 마무리했고, 신규 딜 몇 개도 연달아 클로징 했다. 덕분에 연간 실적 기준으로 Asia Pacific 영업 인원 500여 명 중 무려 6위에 올랐다.

분에 넘치는 찬사와 상들을 한꺼번에 받으니, 순간은 뿌듯했지만 속으로는 '이게 진짜 내 실력인가, 아니면 그냥 운이 좋았던 건가' 하는 생각도 들었다. 어쨌거나 그 해는, 커리어라는 진열장에 트로피가 가장 많이 쌓이던 시절이었다.

내 기억 속, 내 삶의 전반부는 여기까지다.

시간이 몇 년 흘러, 2007년은 내 삶에서 가장 힘들면서도 벅찬 해였다. 사랑하는 어머니가 너무 이른 나이에 우리 곁을 떠나셨고, 나는 그 해 지영이와의 결혼으로 또 다른 삶의 문을 열었다. 그리고 그 실렘 어린 시작 속에서 첫째 지우가 태어났다. 유학을 포기했고, SAS를 떠나 투

자업계로 발을 들였다. 소중한 친구 변성준과 홍영준을 먼저 떠나보내는 아픔도 겪었다. 연세대 야간 MBA에 입학했고 둘째 지아가 태어났다. KT캐피탈과 플루터스 에쿼티 파트너스를 거쳤고 아이들은 대안학교인 새음학교에 입학했다. 갑작스레 찾아온 병마와 싸웠고, 스타트업을 창업했다, 『하와이 패밀리』와 『바닥을 칠 때 건네는 농담』, 두 권의 에세이를 출간했고, 연세대학교 경영학과 연구교수로 임용되었고, 최우수 강사가 되었다. 그리고 아버지와의 이별까지… 모든 이야기는 여전히 현재진행형으로 달려가고 있다. 언젠가 다시 펜을 잡아, 이 시기의 에피소드들을 차근차근 풀어낼 날을 나도 기대하고 있다.

돌아보면, 그 시간들도 늘 웃음이 먼저였지만, 그 웃음의 틈새바다 어김없이 조용한 슬픔이 따라왔다. 그래서일까, 나이가 들수록, 기쁨은 스쳐 가고 슬픔은 오래 머무는 듯해 문득문득 서글퍼진다. 그래도 잊지 않으려 한다. 남말자 피아노학원과 홍익독서실을 누비던 발걸음, 서여고 혈투의 뒷줄 에이스였던 나, 친구들과 기울이던 술잔들, 연세복서 초대 주장으로서의 파이팅, 그 뜨거웠던 심장들만큼은, 영원히 잊지 않으려 한다. 아직 끝나지 않은 이야기처럼.

에필로그

세월은 참 빠르다.

언제 그렇게 흘렀는지, 우리는 어느새 40대, 50대가 되어 있다.

어린 시절 꿈꾸던 모습과 지금의 내가 꼭 닮아 있진 않지만, 그래도 매일을 버텨 내며 여기까지 왔다.

돌아보면 웃음도 많았지만, 참 많은 이별과 아픔도 있었다.

젊을 땐 시간이 무한히 있을 줄 알았는데, 이제는 남은 날들이 더 소중하게 다가온다.

그래도 괜찮다.

우리가 걸어온 길은 헛되지 않았고, 지금 이 순간의 우리를 만들었다.

이제는 성취보다는 관계가, 속도보다는 방향이, 화려한 성과보다는 작은 행복이 더 크게 다가온다.

좁은 방 안의 웃음소리, 숱한 실패와 다시 일어섰던 순간들… 그 모든 것이 모여 우리를 단단하게 했다.

여기까지 잘 왔다.

넘어져도 다시 일어났고, 흔들려도 포기하지 않았다.

바닥을 칠 때도 웃으며 농담을 건넸다.

그리고 우리는, 여전히 길 위에 있다.

앞으로의 삶이 더 많은 상실을 품고 올지라도, 기쁨 역시 그 곁에 함께 찾아올 것이다.

그러니 우리, 다시 희망을 품자.

오늘보다 더 젊은 내일을 믿으며, 지금 이 자리에서, 또 한 걸음을 내디뎌 보자.

여기까지 오느라, 애썼다.

그 마음, 그 걸음, 참 보기 좋았다.

우리 이야기는 끝나지 않았다.

이제 조금 더 느긋하고, 조금 더 우아하게,

다음 이야기를 만들어 가 보자.

서울생활

ⓒ 손창우, 2025

초판 1쇄 발행 2025년 11월 22일

지은이	손창우
펴낸이	이기봉
편집	좋은땅 편집팀
펴낸곳	도서출판 좋은땅
주소	서울특별시 마포구 양화로12길 26 지월드빌딩 (서교동 395-7)
전화	02)374-8616~7
팩스	02)374-8614
이메일	gworldbook@naver.com
홈페이지	www.g-world.co.kr

ISBN 979-11-388-4989-0 (03810)

- 가격은 뒤표지에 있습니다.
- 이 책은 저작권법에 의하여 보호를 받는 저작물이므로 무단 전재와 복제를 금합니다.
- 파본은 구입하신 서점에서 교환해 드립니다.